知的生きかた文庫

ミスがどんどんなくなる技術160

中島孝志

JN108933

三笠書房

仕事と人生の「ミス」と「ロス」が なくなるテクニック

本書は次のような方のためにまとめました。

□どんなに確認しても見落としがある
□データを管理しきれない
□物をよくなくす・忘れる
□遅刻をしてしまう
□「話したつもり」「聞いたつもり」が多い

多くの人がこういった悩みを抱えているのではないかと思います。失敗をしない人などいません。誰もがミスを経験して一人前になっていきます。しかし、何年経っても同じミスを繰り返す人もいれば、「あの人はミスが少ない」と信頼される人もいます。

どこがどう違うのでしょうか？ 才能や能力の問題でしょうか？

そうではありません。**どんなミスもちょっとした「テクニック」で簡単に改善できる**のです。それを活用しているかどうか……仕事と人生の「ロス」をなくし、周囲から信頼を得る秘訣はここにあるのです。

本書では、「時間・スケジュール管理」「整理整頓」「手帳・メモ・ノート術」……など、11のテーマで「ミスをなくすためのテクニック」を紹介しています。全部で160個。私はコンサルタントとして20年近くのキャリアを積んできましたが、その知見と経験を総動員して、できる限りたくさんの方法を集めました。

「自分がよくミスしているな」と思うテーマから順に読んでみてください。本書のテクニックの一つに「本や資料は1ページ目から読まない」（138ページ）というものがあります。最初から読み始めるのではなく、自分にとって重要な情報から確認する。それが、情報を有効活用するコツです。

また、本書の最後には「ミス索引」をつけました。「忘れ物」「遅刻」「〆切遅れ」など、ミスの内容から改善策を探すことができるようになっています。こちらもぜひ使ってみてください。

❖ ここから新たなチャレンジが生まれる!

ミスは私たちから「生産性」「効率性」を奪っていきます。毎日のようにミスをしている人は、ミスをしない人に比べて大きなハンデを背負っているようなものです。

そのハンデをなくすことができたら、あなたの人生は快適に、楽しくなるはずです。「何かミスをしていないだろうか」「ミスを指摘されて怒られるかもしれない」などという余計な心配から解放されるからです。ミスを恐れないことで、新たなチャレンジにも積極的に取り組んでいくことができるでしょう。

本書のテクニックがあなたの仕事と人生をもっと面白くするきっかけとなることを願っています。

ぜひ有意義にご活用ください。

中島孝志

1 時間・スケジュール管理
—— 仕事が断然はかどるテクニック

2 整理整頓
—— この「仕掛け」で散らからない、なくならない！

3 手帳・メモ・ノート術
——結果を出す人の「記録」の取り方

4 デジタル整理法
——増え続けるデータにどう対応するか

7 情報収集
——間違った判断をしないために

10 心構え・チェック法
── ミスが少ない人の「絶対ルール」

11 ミスを出さない仕組みづくり
——「気をつけます」で終わらせるな

本文DTP／株式会社Sun Fuerza

1

時間・
スケジュール
管理

人生が断然はかどる
テクニック

予定は「未定」「仮定」「確定」の
3段階で管理

#すっぽかし　#ダブルブッキング

　予定はすべてが確定しているわけではありません。「返事待ち」だったり「調整中」だったりします。仮押さえになっているものもスケジュールにしっかり書き込んでおかないと、ダブルブッキングをしてしまう可能性があります。

　予定には、「未定」「仮定」「確定」の3段階があります。「未定」は月単位、週単位で相手に希望を聞いている状態、「仮定」は候補日を絞り込んで相手に選んでもらっている状態、「確定」はアポイントが取れた状態です。

　ミスが起きるのは、未定と仮定の予定を失念したときです。仮押さえになっていることをすっかり忘れてほかの予定を入れてしまうのです。

▶「未定」と「仮定」もスケジュールに入れる

　2〜3日後の予定くらいなら覚えられますが、1カ月後、半年後となると管理しきれません。なので、未定と仮定もしっかりスケジュールに記入しておくようにしましょう。

　ただし、ただ記入するだけでは、仮押さえなのか確定なのかが判断できないので、**段階ごとに「色分け」**します。

　たとえば、「確定」は黒、「未定」は赤、「仮定」は青と決めます。このように色で区別し、段階が進むごとにどんどん色を変えていくのです。手帳の場合は3色ボールペンで書けばいいですし、スケジュール管理アプリやソフトを使う場合には、予定ごとの色分け機能がついているものを選ぶといいでしょう。

「30分単位」でスケジュールを組む

　時間のロスはかなり手痛いミスです。ほかのミスは取り返すことができるものもありますが、時間だけは取り戻せないからです。

　時間のロスをなくすために、細かくスケジューリングすることを習慣化しましょう。**効果的なのは、30分刻みで予定を立てるようにすることです。**

　打ち合わせの予定を立てるときに1時間刻みで時間を設定する人が少なくありません。しかし、すべての打ち合わせに1時間以上必要なわけではないでしょう。簡単な経過報告であれば、30分程度で済んでしまうはずです。

　話すべき内容はすべて伝えてしまったのに、打ち合わせは1時間の予定になっているから、残りの時間は雑談でつなぐ。そんなことをしていては時間の無駄です。最初から30分でアポイントを取ればいいのです。

⋗ 相手にも「時間を大切にさせる」

　こちらが時間を大切にすれば、相手もそうします。「この人は細かく時間を区切りたい人なんだな」と思ってもらえば、相手も30分刻みの時間で提案してくれるようになります。

　打ち合わせに限らず、会議やプレゼンテーション、報告会など、さまざまな予定を「本当にその時間が必要なのか」という視点で見直して、**必要最低限の時間でスケジュールを組む**ようにしてください。

Googleカレンダーで
「一元管理」する

　私のスケジュールはすべて「Googleカレンダー」で管理しています。PCとスマートフォンで同期させているので、どちらかにスケジュールを入れれば、もう片方でも確認できます。

　かつては手帳などで管理していましたが、これがかなり大変でした。スケジュールが決まると手帳に書き込み、みなに見えるように壁掛けカレンダーにも記入。さらには卓上カレンダーにまで書き込んでいたのです。何か変更があればすべてを書き直さなければならないわけです。こんな面倒な状態から解放されたいと思い、「1回」で済む方法はないかと探した結果、出合ったのがGoogleカレンダーでした。

　一元管理ほど便利な方法はありません。時間も短縮できますし、何よりミスが発生しません。手帳やカレンダーなど複数の手段で管理していると、予定を見落とす可能性があります。

　たとえば、壁掛けカレンダーは常に目の前にあるので目立ちます。それを見て「今日は完全にオフなのか。何をして過ごそうかな」などと考えながら、何の気なしに開いた手帳には「午後1時から打ち合わせ」とはっきり書いてあるのです。これは手帳に書いた予定をカレンダーにも書き込んでおかなかったことによるミスです。

➢ 「一元管理」でリスクを減らす

　Googleカレンダーを使えば、予定を常に一元管理できます。「変更し忘れていないだろうか」と疑う必要もありません。これだけでも精神的に楽です。

#すっぽかし　#ダブルブッキング　#遅刻

出張中にアポイントのキャンセル連絡が来れば、すぐにスマートフォンで予定を削除します。もちろん、PC のカレンダーにも反映されています。あれもこれもあるから混乱してしまうのです。「これしかない！」という状況をつくり出せばミスは起きません。

Google カレンダーには登録した予定の時間が近づくと、アラートが表示される機能があります。目の前の仕事に没頭していると、次の予定のことを忘れてしまうことがありますが、それを防いでくれる便利な機能です。

カレンダーの表示についても年単位、月単位、週単位、4日単位、1 日単位とクリック一つで好きな画面を選べます。私は書き込むときは週単位、チェックするときは月単位の表示にしています。

ほかにも「拡張機能」を使うことで、「次の予定までの残り時間の確認」や「文字色と背景色の変更」など、カスタマイズができるので、自分にとっていちばん使いやすいカレンダーになるよう、いろいろと試してみましょう。

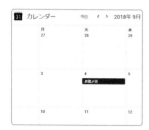

◀同期させれば
　一元管理できる

予定と予定の間は
「バッファ」を取る

　車を運転するときは、「車間距離」を取ることが大切です。前の車とぶつからないように、適切な間隔を空けるのです。

　同様に、予定を決めるときでも間隔を空けることをおすすめします。

　そうすれば想定外の事態にも対処しやすくなります。

　お客さんが遅刻をする、会議が長引く、交通機関が遅れるなど、あなたのコントロールできない事情で、予定が後ろ倒しになっていくことがあります。

　そんなとき、スケジュールがびっしり詰まっていると、「玉突き事故」の連続でパニックになってしまうでしょう。

　ところが、仕事ができない人ほど、分刻みでびっしりと埋まったスケジュール表を見て、ひとり悦に入っています。

　予定通りに進んでいれば問題ありませんが、一つの小さな時間変更が生じると、すべての予定が変更を余儀なくされます。その日会うことになっていたすべての人に迷惑をかけてしまいます。ここではじめて、どうしてもう少しスケジュールに余裕を持たせておかなかったんだと後悔するのです。

⁝› 仕事ができる人の時間管理術

　仕事ができる人はまさかのときのために「バッファ」をしっかり取っています。

　バッファとはもともと衝撃を吸収する緩衝器のこと。ここでは、緊急時のために前もって用意した調整時間を意味します。

　バッファがあれば精神的、物理的に余裕が生まれます。

「かなり押しているけれど、予定ごとに10分間隔を空けているからなんとかなる」「午後1時から30分空けているからここで調整しよう」というように、時間を管理できます。**予定通り進まないことを前提にスケジュールを組む**ことで、想定外の事態にも慌てずに対応することができるのです。

❧ 内勤なら10分、外出なら30分が目安

予定の内容によって、必要な調整時間は違います。

内勤ならば10分程度空けておけば十分ですし、外出が連続する仕事なら少なくとも30分程度は余裕を持たせたほうが安心できます。

スケジュールを見ながら、適切な間隔を取りつつ予定を組んでいきましょう。

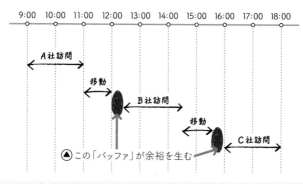

▲この「バッファ」が余裕を生む

スケジュールは「曜日つき」で連絡する

#すっぽかし　#ダブルブッキング　#伝達ミス　#日付間違い

「納品は3月4日でお願いします」

「承知しました」

　ところが、当日の午後になっても何の音沙汰もありません。不審に思って電話すると「8日じゃなかったんですか?」という返事。

　メールできちんと発注しておけばよかった。相手に復唱させればよかった。手帳に書き込んだかどうかチェックすればよかった……。後悔しきりですが、どうしようもありません。

　メールやFAXで連絡すれば記録が残りますし、4日と8日の違いも一目瞭然です。

　口頭で伝えるのと同時にメールでも確認するというのを習慣にしておけば、こんなミスは起きなかったはずです。

　口頭で伝える場合は、せめて**曜日をつけ加えましょう**。

「6月4日の月曜日でお願いします」

「6月8日は金曜日ですよ」

「あっ、はちではなく、よんです。4日でお願いします」

　会話では、「よんにち」とか「はちにち」といった言い方はほとんどしません。曜日をつけ足すほうが自然でしょう。

　1と7、11と17、21と27も聞き間違いやすい数字です。ならば、「**しち**」とはいわず「**なな**」というように習慣化しておけばいいのです。

　ミスはちょっとした工夫でいくらでも減らすことができます。これはいい習慣だなと思ったら即、取り入れてみてください。

待ち合わせは「狭い場所」を指定する

#すっぽかし　#遅刻

東京駅を歩いていると、ビジネスパーソンが電話で「○○出口じゃなかったんですか」「△△線の改札前だと聞いてましたが」などと話しているのをよく耳にします。

こうしたターミナル駅は、毎日利用している人でも覚えられないくらい多くの出口がありますから、待ち合わせには向いていません。

待ち合わせ場所に来ても相手がいない。その場で連絡を取り、会えたのは集合時間の15分後。待ち合わせでこんなに時間をロスしてしまっては、その後の打ち合わせもうまくいかなくなります。**集合場所をこちらが決められるときは、出口の少ない小さな駅を指定する**ようにしましょう。どうしても大きな駅周辺で待ち合わせなければならないときは、駅から少し離れた喫茶店などに来てもらうようにします。

❯ 同じ地域に何店舗もある店は要注意

こんなミスもあります。以前ラジオ番組にゲスト出演したとき、「駅前のタリーズでお待ちしています。そこからスタジオにお連れします」と担当ディレクター。ところが当日いつまで経っても来ないのです。店員に聞くと、「近くにもう1軒あります」とのこと。慌てて駆けつけてなんとか会うことができましたが、ディレクターは私が遅刻していると思っていたようです。

同じ地域に何店舗もある店も待ち合わせ場所としては向いていません。わざわざ「○○店ですよ」と念を押すくらいなら、はじめから**1店舗しかない店を選びましょう**。

予定は「決まった瞬間」に書き込む

#記憶違い　#すっぽかし　#ダブルブッキング

アポイントが取れたら即、スケジュールに入れましょう。会議が決まっても即、スケジュールに入れます。

プライベートでも同様です。そのとき、その場で、スケジュールに入れます。

なぜすぐに入力するのかというと、**入力さえすれば安心して忘れることができる**からです。

後回しにする人が意外と多いのにびっくりしますが、自分の記憶力を過信しないほうがいいと思います。スケジュール漏れやダブルブッキングの原因をたどると、そもそも、アポが取れたときに入力していなかったことがいちばん多いのです。つまり、確実にミスすると決まっていたわけです。

私もこんなミスを何回か経験しています。平謝りしても許してもらえなかったこともありました。

ですから、電話がかかってきても予定の入力が終わるまでは出ません。電話応対よりも予定入力のほうを優先するようにしているのです。

‣「即、入力」がルール

「スケジュールに入れなくては」と考えていても、別の作業をしているうちに気を取られて失念してしまうのが人間です。

仕事でもプライベートでも同じです。**スケジュールは確定したら即、入力。**

これがルールです。

予約は「決まった瞬間」に取る

#予約ミス

　ギリギリまで予定が決まらないから、飛行機やホテルの予約は出かける直前にしているという人が少なくありません。

　私は全国で勉強会を開催しているので、コロナ禍以前は毎月あちこちに出かけていました。当時は日本観光ブームで大都市はもちろん、ちょっとした地方都市でも予約が取れない状況が続いていました。

　そうした状況では、**出張が決まったら即、予約**していました。予定が変更になれば、キャンセルは仕方ありません。幸い、直前でもキャンセル料を取らないホテルがたくさんありました。飛行機も事前の変更ならば手数料のみでキャンセルできます。

　それよりもトラブルになるのは満席満室のときでした。また、出張直前になって慌ててホテルや飛行機を探していると、仕事の大事な準備も落ち着いてできなくなってしまいます。

⌗「キャンセルすればいい」くらいの気持ちで

「予約は前日までに」では遅すぎます。決まったら即、予約を取るのが基本です。

「ホテルと飛行機が取れなかったので、予定変更をお願いします」などという相談が受け入れられるはずがありません。「**予定が変わったらキャンセルすればいい**」くらいの気持ちで、宿泊場所と移動手段は真っ先に押さえてしまいましょう。

「前乗り」で
余計なリスクを回避

#すっぽかし　#遅刻

いうまでもないことですが、ビジネスの場では遅刻、欠席、直前のキャンセルは厳禁。5分前どころか30分前には訪問先の近くで待機する習慣をつけておきたいものです。

これは何か緊急事態が起こったときも同様です。渋滞で、遅延で、などという理由は認められません。相手は同じ状況下できちんと到着しているのです。「遅れた」はもちろん、「動かない」という弁解も通用しません。

たとえば、夏から秋にかけてビジネスパーソンを悩ますのが「台風」でしょう。飛行機や船などが一斉に欠航し、目的地にたどり着けなくなってしまいます。しかし、台風は突然やってくるわけではありません。天気予報を確認しておけば、出張日と台風の上陸日が重なりそうなことは事前にわかっているでしょう。

そういう場合は「**前乗り**」すればいいのです。前日に目的地に到着していれば、台風が来ようがまったく関係ありません。

⠗ 安心して仕事に取り組むために

私は講演する際、スタッフが集まる時間までに会場に駆けつけるようにしています。そうすれば、スタッフのみなさんは安心します。彼らは「ゲストがちゃんと来てくれるか」をいちばん心配しているからです。

余計なリスクを回避し、自分も相手も安心して目の前の仕事に取り組めるようにする。そうした仕事の進め方を身につけていきましょう。

「タイマー」で
仕事の所要時間を計る

#時間配分ミス

　仕事の生産性を高めるためには「時間を見積もる力」が必要になってきます。

　メール返信、資料作成、経費精算……。あなたは仕事ごとにどれくらいの時間がかかるかをきちんと把握しているでしょうか。

　残業癖がなかなか抜けない人は、仕事ごとの時間見積もりが甘い傾向があります。資料作成に平均1時間半程度かけているのに、1時間で終わると考えて予定を組んでしまうのです。

　正しい時間感覚を身につけるために、**タイマーを使って仕事ごとの所要時間を計りましょう。**そして、思ったより時間がかかっていた仕事は短縮する方法がないか考えてみるのです。

　これを繰り返していくと、少しずつ時間を見積もる力がついてきます。「この仕事量ならこのくらいで完了する」と感覚でわかるようになります。

❯ 仕事ができる人は「正確な時間感覚」を持っている

　仕事ができる人は例外なく正確な時間感覚を持っています。分刻みでスケジュールを組み、多くの仕事をさばいていかなくてはならないからです。

　時間はお金と違ってどんな人でも平等に与えられています。ですから、その使い方が大事なのです。時間配分を間違えて仕事の効率を落とさないよう、時間感覚を磨いていきましょう。

「準備」も予定に組み込む

　余裕を持って始めたはずが、終わってみると期限ギリギリだった……。

　あなたもこのような経験をしたことがあるはずです。この見通しの甘さの原因となっているのが、「準備時間」を計画に入れていないこと。

　企画書作成には情報収集、新商品プレゼンテーションには資料づくり、新規顧客開拓にはアポ取りなど、入念な準備があってはじめて仕事に取りかかることができます。**どんな仕事にも事前準備が必要**なのです。

　しかし、多くの人はこの準備時間を少なく見積もったり、まったく考慮に入れていなかったりします。

　新しく仕事を始めるときは、「どんな準備が必要か」を考えるようにしてください。

　その準備もスケジュールに入れたうえで、〆切に間に合うように予定を組んでいくのです。

▶ 仕事は「段取り八分」

「段取り八分」という言葉があります。事前にきっちり準備しておけば、その仕事は8割方完了しているということです。これほど重要な準備時間を考慮に入れていなければ、仕事がうまく進まなくて当然です。

　最後の見直しももちろん大切ですが、最初の準備もまた重要なのです。

「目標時間」を設定する

#時間配分ミス　#〆切遅れ

　仕事はスケジューリングが鍵です。時間を味方にできる人が勝ち、時間を敵に回した人が負けます。

　いま、この本を読んでいる間にも、砂時計の砂はどんどん落ちているのです。落ちる砂を止めることも、元に戻すこともできません。

　では、時間を有効に使うにはどうしたらいいのでしょうか? それは、**この仕事は○時間でやり遂げると決めてしまうこと**です。ただ、無理をする必要はありません。実現できそうな範囲で「目標時間」を設定します。全体の時間を決めたら、プロセスごとに時間を割り振っていきます。

　たとえば、企画書を4日で作成すると決めたら、情報収集に1.5日、ラフの作成に0.5日、中間報告に0.5日、最終版作成に1.5日という風に時間を区切ります。

　ただし、想定したとおりに仕事が進んでいくとは限らないので、状況に応じて微調整していきます。このとき、**目標時間はなるべく変えず、ほかの部分にかける時間を減らすことで調整していく**ことがポイントです。目標時間を増やすと、効率が落ち、無駄な時間が増えてしまう可能性があるからです。

　常に目標を達成している人は、仕事でもプライベートでも、常日頃から目標時間を設定しているという共通点があります。そうした習慣があるからこそ、スケジュールどおりに仕事を進めることができるのです。

「上司のスケジュール」を把握しておく

#〆切遅れ　#伝達ミス

どうしても決裁文書に印鑑が欲しい。しかし、上司は1週間海外出張。電話して印鑑を使うことを許可してもらうしかない。

しかし、「今日から海外出張だといってあっただろ？　どうして先週デスクにいたときに持ってこなかったんだ？」と、電話越しにイライラした声で上司にいわれてしまう。

返す言葉がありません。まさか今朝、直接空港から出かけるとは……。上司が不在だからという理由が通るはずもありません。決裁が取れなければ100％あなたの責任になります。「係長、勘弁してくださいよ。部長の出張知らなかったんですか？」と部下からの信用も失います。

できる人ならこんな凡ミスはしません。許可や決裁はもらえるときにもらっておく。これがルールです。欲しいのは印鑑。印鑑を持つのは上司。ならば、**上司のスケジュールを頭に入れておかなければいけない**のです。

上司が「〇月〇日〇時〜〇時まで、誰とどこで何を話しているか」というスケジュールを押さえておきましょう。少なくとも、1週間分のスケジュールを確認しておきます。もし、上司の予定を確認する手段がないのなら、「Googleカレンダー」などを利用して、予定を共有できる仕組みを導入しましょう。

上司の立場から見ても、自分の予定を把握してくれている部下は信用できます。上司の忙しさを理解し、適切なタイミングで報告を上げてくれるからです。「〆切遅れ」などのミスを防ぎつつ、上司の信用も得ることができる一石二鳥の方法なので、ぜひ実践してみてください。

在宅勤務では、より「時間」に厳しく

#時間配分ミス　#〆切遅れ

　在宅で仕事をするときは、「時間管理」がより重要になります。ミス発生の嵐にならないようにきっちりマネジメントしましょう。ポイントは三つあります。

1.　一つ一つの仕事に時間を配分する

　大切なことはこれから取り組む仕事の一つ一つに時間を配分することです。「この仕事は1時間でできるだろう」ではなく「1時間で必ず完了させる」という意識です。すべての仕事はデッドライン＝締切時間から逆算してやりくりしましょう。

2.　タイマーで進行を管理する

　脳科学からいっても、私の経験からいっても、人が集中できるのは「50-60分」です。このくらいの時間、集中したら10分程度の休憩を取る。タイマーで計り、これを繰り返しましょう。

3.　全体を俯瞰できるツールを用意する

　大切なことは、今日明日という切羽詰まったスケジュールではなく、今月、来月、半年後、年末にどんな仕事をするか、という意識です。だから私は、仕事のスケジュールを俯瞰的に把握できる「3カ月カレンダー」でチェックしています。いつ仕事のヤマが来るかをきちんと認識しておくと、余裕をもって取り組めるようになります。この余裕が仕事のミスを取り去ってくれます。

2

整理整頓

この「仕掛け」で
散らからない、なくならない!

書類やファイルは「縦置き」に

探している書類が見つからない。積み上げた書類の束を一つひとつチェックする。しかし見当たらない。

「企画書を出してくれ」

「すみません。いま探してます」

上司はイライラ。「書類の整理どころか、頭の中がいちばん整理できていないに違いない」と思われてしまうかもしれません。

整理上手は違います。「それは右から3番目の赤いファイルにあります」と、電話でも場所を説明できます。

物を探す無駄な時間をカットする仕組みはほんの些細なこと。**ファイルや書類を縦に置くだけでいいのです。**

もちろん、縦に置けば倒れるでしょう。ですからファイルが必要になります。A4サイズのクリアファイルにインデックスをつけて管理するのです。ファイルボックスに入れれば1枚から縦置きができます。

増えてきたらサイズの大きなフラットファイルやバインダーファイルで管理します。「売上」「企画書」などのテーマ別にまとめてもいいですし、時系列でまとめてもいいでしょう。

▶「書類の地層化」を避けるために

最悪なのは、机上に書類がうず高く積み上がって「地層」のようになった状態です。

この状態だと、下の方の古い書類を取り出すのはかなり骨が折れます。しかも崩れたら最後、地層はごちゃごちゃになり、

新しい書類と古い書類が混ざり合ってしまいます。

　こんな状態では「お目当ての書類」を見つけ出すのは難しいでしょう。取り違えや紛失などのミスが起きるのは当たり前です。

▷「縦置きのひと手間」でミスがなくなる

　縦に置くようにさえすれば、自然とファイリングする習慣が身につきます。どんなに書類が増えても積み重なって探しにくくなるということはありません。

　急いでいるときや忙しいときには、つい書類を積み重ねてしまいがちです。

　しかし、そこで「縦置き」のひと手間を加えることで、ミスを防ぐことができるのです。

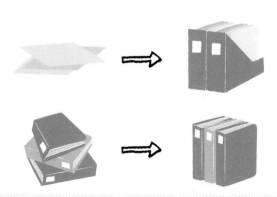

ファイルは
「色分け」で管理する

#取り違え　#紛失

　ペーパーレス化が叫ばれるようになってかなりの時間が経つと思いますが、書類はさらに増えています。PC、スマートフォン、タブレットがこれだけ普及していても、書類はなかなか減りません。

　多くの人は大量の書類を整理するために、ファイルを利用しているでしょう。しかし、今度はファイルが増えすぎて管理しきれなくなるという問題が出てきます。

　ファイルを管理するコツは「色分け」すること。ファイルは1色に統一するのではなく、さまざまな色のものを用意します。そして、書類の種類ごとに異なる色のファイルに入れるのです。こうすれば、欲しいときにすばやく取り出すことができます。「売上」「利益」「顧客管理」「決裁願」「企画書」というようにテーマ別でもいいですし、時系列で分ける方法もあります。

❖ チームで「色分けルール」を共有する

　ファイルの色分けルールはチーム内で共有することもできます。「契約書の黄色いファイル」「赤い企画書ファイル」などと、チーム全員がカラーで呼ぶようになれば成功です。こうなれば、書類を取り違える可能性はかなり低くなります。

　また、ファイルがずらっと並んでいるなか、カラーが一つでも抜けていれば、「○○のファイルがない」とすぐに気づきます。**カラー分類は、変化や異常に気づきやすい**というのも大きな特徴なのです。

「スマートトラッカー」で
なくさない仕組みづくり

#紛失　#忘れ物

　会社を出る直前。寝る前まで使っていたスマートフォンがない。鞄に入れていたはずの財布がない。昨日の夜、机に置いておいた家の鍵がない……。これらはすべて置き場所を決めていないことが原因です。スマートフォンは充電台の上、財布はラックの中、家の鍵は玄関のキーフックスタンドなどと、「**これはここに置く**」という場所を決めておけばなくすはずがありません。

　ただ、飲み会帰りで酔っ払っていたり、深夜までの残業で疲れ果てていたりしたときは、無意識のうちにいつもと違う場所に置いてしまうことがあります。そんなときでも慌てずに探し出せるように、「スマートトラッカー」を利用しましょう。

　スマートトラッカーは「忘れ物防止タグ」とも呼ばれ、これを財布や家の鍵などの大切なものにつけておけば、ブザーを鳴らして位置を特定したり、Bluetooth の機能を使ってどこに忘れたのかを探したりできます。

　手のひらに載るような小さいサイズですから、つけていてもほとんど邪魔になりません。

　なくしたら生活に支障が出るような大事なものには**スマートトラッカーをつけて、なくさない仕組みをつくっておく**といいと思います。

（▲）スマートトラッカー
「Tile Mate」

「紙のまま」「電子化」を
使い分ける

オフィスには紙の書類がたくさんありますが、すべて電子化できたらどんなにいいだろうかと思うときがあります。しかし実際には、電子化にもメリットとデメリットがあります。それらを理解し、状況に応じて適切な保管方法を選ぶといいでしょう。

電子化のメリットはやはり「収納スペース」がいらないことです。データをサーバーやクラウドに保存すれば、書類保管のためのスペースが必要なくなります。

また、「検索がしやすい」ため、仕事が速くなります。膨大な書類の中からピンポイントで見つけ出すのは至難の業ですが、電子化しておけば、検索機能を使ってすぐに探し出すことができます。

しかしメリットばかりではありません。デメリットもあります。**電子化には「膨大なコスト」がかかります。**社内電子化、外部へのアウトソース、どちらも膨大なコストが発生します。専門家によると、電子化費用と紙保管費用を比較した場合、全体の30％以下の書類しか使用しないならば紙で保管したほうが割安になるそうです。

❖「電子化」は万能ではない

データとして取り込んだだけでは使えない書類もあります。たとえば、国税関係帳簿書類を電子化する場合、要件を満たしたシステムを導入したり、社内規程を整備したりしなければ有効と認められません。スキャンしてPDFに変換しただけではダメなのです。

このように、電子化は万能ではないので、**なんでもかんでも電子化しようとはせず、紙の書類のまま効率的に保管することも検討してみましょう。**

紙のまま箱詰めして保管してくれる「書庫探」というサービスがあります。保管料は1箱月額90円ですからかなり低コストです。預けている書類が必要なときは、Web上で依頼すれば、箱から必要書類を探し出してPDFを送ってくれます（これには別途料金がかかります）。

☇「紙」と「データ」をうまく使い分ける

最近は、多くの企業でペーパーレス化が導入されていますが、私はこの流れがむしろ不利益を生んでいる面もあると考えています。紙の書類として保管しておいたほうが使いやすい場合もあるはずです。「紙」と「データ」をうまく使い分けるのが、本当の効率化につながるのではないでしょうか。

電子化のメリット・デメリット

収納スペースがいらない

コストがかかる

席を離れるときは
「机上ゼロ」にする

　新聞社や出版社がドラマの舞台になることが少なくありません。すると、机上に本や原稿用紙がところ狭しと積み上げられているシーンが出てきます。しかしこれは昭和のマスコミの風景です。

　いまや、データ上で原稿をやり取りしていますから、こんなに猥雑なオフィスは見なくなりました。

　私自身、25年前には出版社に勤務していましたが、オフィスにはマイデスクがありませんでした。というのも、生産性の高い外資系企業を真似て、ある日突然マイデスク撤廃、「フリーアドレス」の導入が宣言されたのです。

　これは、固定席を用意しないオフィススタイルです。出勤すると空いている席に座って仕事をします。どこでも好きな場所で仕事をするのです。当然、毎日隣人は替わります。

　筆記用具や資料等はどうするか？　これだけはマイキャビネットで管理します。

　マイデスクがないので資料や私物を置けなくなりました。席を離れるときは鉛筆1本残せません。30分後に戻ってきたら誰かほかの人が使っているからです。

　昼休み前には仕事はいったん休止。広げていた資料やつくりかけの書類はキャビネットに入れます。ランチから戻ればまた好きなスペースで仕事を始めるのです。

▶「フリーアドレス」に学ぶ整理術

「フリーアドレス」は慣れるまではなかなか落ち着きませんが、

「整理整頓」という観点から考えると、強制的に片づける習慣がつくので悪くないと思います。

　整理整頓が苦手で、自分の机の上に物が溢れている人は、フリーアドレスの働き方を真似て、**席を離れるときは毎回「机上ゼロ」にしてみてはいかがでしょうか。**

　ほかの人がそのまま座っても仕事ができるくらい、机の上に物を残さないようにするのです。

　これでミスは必ず激減します。書類の取り違えや紛失が減りますし、書類を出しっぱなしにすることによる情報漏えいリスクも下がります。

✥「机上ゼロ」で印象もよくなる

　机の上がいつも散らかっていると、周囲から「整理整頓が苦手な仕事のできない人」という印象を持たれることもあります。実際には、片づけるのが苦手でも仕事ができる人はたくさんいます。

　しかし私たちは「整理整頓ができない→頭の中が整理されていない→仕事ができない」などと類推を働かせてしまうのです。こんな風に思われるのは大きな損ですから、「机上ゼロ」の習慣をつけて、いつもきれいな状態を保つようにしましょう。

引き出しには鍵をかける

#情報流出　#紛失

職場にデスクがある。きわめてふつうの光景ですが、私の場合、テクニック19で述べたように、勤務先にはマイデスクがありませんでした。

キャビネットだけが専用で、デスク代わりの大きなオーバル型テーブルはメンバー全員で共用するという仕組みだったのです。

キャビネットには鍵がついています。**退社するときには必ず鍵をかける**ことになっていました。

私はこのルールに大賛成です。すべての会社で導入されるべきだと思います。なぜなら、オフィスにある書類は流出するリスクが高いからです。

あなたの書類が紛失したり盗まれたりしたら大問題です。鍵をしていなければ、管理不行き届きで処罰を受けることになるでしょう。

退社時にキャビネットや引き出しに鍵をかける狙いは、情報がオフィス内外の人から盗まれないためです。もっといえば、同僚を容疑者にしないためです。

⦂ 情報流出を「未然に」防ぐために

これだけ人材の流動化が進んだ世の中だと、社内の情報を盗もうと考える人がいても不思議ではありません。そんな人が鍵のかかっていないキャビネットを見つけたら、つい書類を社外に持ち出してしまうかもしれません。

誰も犯罪者にしたくない。疑いの目を向けたくない。だから、鍵を用意しているのです。

デスクの近くに
「ゴミ箱」を用意する

#紛失

　一昨日出張のときに受け取った新幹線の領収書がない。昨日書いた企画書が見当たらない……。こんなとき頭をよぎるのは「間違って捨ててしまったかもしれない」という考えです。しかし、ゴミ箱を探しに行ったところで、ほかの人のゴミと一緒になっていますから、探し出すのは至難の業でしょう。

　間違って捨ててしまったものもあとから回収できるように、デスクの近くに「マイゴミ箱」を用意しておきましょう。自分専用のゴミ箱を用意すれば、探すのがかなり楽になります。

　このゴミ箱には、基本的に紙類しか捨てないようにします。なぜなら、せっかく書類を見つけ出したとしても、それが汚れてしまっていては再び使うことはできないからです。

　そして、ゴミ箱の中身を捨てるときはざっと確認してから捨てるようにしましょう。もしかすると、なくなっていたことにすら気づいていなかったものを見つけられるかもしれません。

⁝ 紛失を防ぐ「最後の砦」

　一度処分してしまった書類はどうやっても取り戻すことができません。簡単に再発行できるものならばいいですが、煩雑な手続きが必要だったり、再発行自体が禁止されていたりする書類もあります。

　このテクニックは、そんな取り返しのつかないミスを防ぐ最後の砦だといえるでしょう。

「残すもの」「処分するもの」の基準を決める

#紛失

物をよくなくす人は、整理整頓が苦手というのもありますが、捨てるのを苦手にしている傾向があります。

身の回りにあるものがすべて必要なものばかりであれば、紛失はほとんど起こりません。なぜなら、**仕事においても人生においても、必要なものはそれほど多くない**からです。

しかし、私たちは必要のないものまで「いつか使うから」と考えて溜め込みます。そして管理しきれなくなり、見つからなくなってしまうのです。

『人生がときめく片づけの魔法』(サンマーク出版)の著者近藤麻理恵さんは、「ときめくものだけ残す」ことを提唱しています。ビジネスの場でときめくかどうかは判断基準になりづらいですが、「残すもの」と「処分するもの」の基準を決めるのは大切です。

私は、法律で保存を義務づけられている書類以外、「**1ヵ月使わなかったものは捨てる**」というルールを決めています。

⟫ まずは「整理」ではなく「処分」

「いつか使う」といっても実際に使う機会はめったにありません。だから思いきって捨ててしまいましょう。必要になったら買うか借りるかすればいいのです。その頃にはもっと使い勝手のいいものが出ているかもしれません。せっかく取っておいたからと使いづらいものを我慢して使っているようでは意味がありません。**必要なものだけを残しておけば、整理整頓も最小限で済みます。**物をなくしやすい人がまずやるべきなのは、整理よりも処分なのです。

1カ月に一度、「整理」と「廃棄」を行なう

#取り違え　#紛失

　書類や文房具などは放っておくとどんどん溜まっていきます。定期的に整理しないと、取り違えや紛失が起こりやすくなります。

　さらに、

「物が溜まる→探すのに時間がかかる→仕事が遅くなる→残業が続く→効率が落ちる→ミスが増える」

　などと、負の連鎖が続いてしまいます。

　1カ月に一度は、デスクとキャビネットの整理をして、不要な物を処分するようにしましょう。ポイントはテクニック22でも述べたように、**「いつか使うかもしれない」というものはすべて廃棄する**ことです。明日使う、来週使う、というようなはっきりした予定がなければ捨ててしまいましょう。

　こうすると気分がすっきりするだけでなく、仕事の効率が上がります。定期的に行なえば、常に新鮮な気持ちで仕事を進めることができます。

　以下のチェックポイントも参考にしつつ、不要な物に囲まれながらの仕事から脱却してください。

処分チェックリスト

☐ 完了したプロジェクトの資料
☐ 社内で回覧された文書
☐ 法律で定められた保存期間を過ぎた書類
☐ 取引先のパンフレット・チラシ
☐ 連絡を取っていない人の名刺
☐ 使用済みの文房具

「片づいている状態」を
写真に撮っておく

#紛失

「さあ、部屋を片づけよう！」と思っても、どこから手をつけていいかわからない……。整理整頓が苦手な人の「あるある」だと思います。そんな風に迷わないためにも、**「理想の状態」を写真に撮っておきましょう。**

せっかく置き場所を決めても、時間が経つにつれてだんだんと違う場所に置かれるようになっていきます。いざ片づけを始めようと思っても、決めたはずの定位置がわからなくなってしまう場合もあるでしょう。

そんなとき、きちんと整理されている状態の写真があれば、それぞれの置き場所を思い出すことができます。

また、撮った写真を目に入る場所に置いておけば、整理整頓の意識を高めることもできます。「写真と同じ状態を維持しよう」と気をつけることで、物を出しっぱなしにせずに、自然と元の場所に片づけるようになるのです。

▷「散らかりやすい場所」に写真を置く

私は散らかりやすい、デスク、本棚、台所の3カ所に写真を置いています。どこに片づけるか迷ったときでも、写真を見れば置き場所がすぐにわかりますから、散らかることがありません。

片づけが苦手な人は、整理整頓された状態を維持できる仕組みを取り入れるべきなのです。

最後のストックは
「別の場所」に

#ストック切れ

仕事を効率的に進めるためには、ストックを管理することが大切です。〆切に追われているのに、ペンのストックが切れていることに気づき、急いで近くの店に買いに走る……。ストックをしっかり補充しておかないと、思わぬところで時間のロスが生じてしまいます。

最後の一つを取り出したときに必ず補充するようにしておけば、ストック切れを起こすことはありませんが、最後のストックだと気づかないこともあります。

そこで、**最後のストックだけは別の場所に置いておくようにしましょう**。こうすれば、「ストックがなくなった」ことを強く意識づけることができます。さまざまな文具の「最後の一つ」を集めた場所をつくれば、「ここから物を取り出したとき、新しいものを補充する」という習慣をつけることもできます。

文具の管理などは、つい後回しにしてしまいがちです。繁忙期などにそのツケを払わされることのないよう、「ストックを切らさない仕組み」をつくっておきましょう。

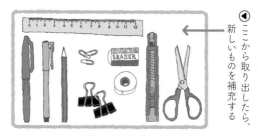

◀ ここから取り出したら、新しいものを補充する

出張時の「持ち物リスト」をつくる

#忘れ物

　出張のときに気をつけなければならないのは忘れ物です。私も何回もミスをして痛い目に遭いました。

　現地で買えればいいですが、どこにも売っていない、買うに買えないものもあります。たとえば私なら、その筆頭は講演や講義で使うデータや映像がたっぷり入ったPCです。これがなかったらどうしようもありません。

　聞きに来てくれた人たちに申し訳が立たない。やっぱり、事前に準備万端にしておかないとダメだなと後悔することしきりです。

　こんな風に後悔したくなければどうするか？　忘れ物を絶対にしないことです。

　私は以下のような「持ち物リスト（出張リスト）」を玄関に貼りつけ、一つひとつ指差し確認をしています。

　リストにしておくメリットはいちいち考えなくても済むことです。いったんリストさえ準備してしまえば、あとはリストを見て上から順に準備していくだけです。忘れ物をなくせるうえに、慌ただしくなりがちな出張直前にあれこれ考える無駄も省けます。

出張リスト

□ ノートPC
□ 電源アダプタ
□ Wi-Fiルーター
□ スマートフォン
□ 充電器
□ モバイルバッテリー

□ 財布
□ 時計
□ 免許証
□ 健康保険証
□ 筆記用具
□ 着替え

□ 名刺
□ 折りたたみ傘
□ ハンカチ
□ ポケットティッシュ
□
□

手荷物は「一つ」にまとめる

#紛失　#忘れ物

　歴代最悪の忘れ物は、新人時代、電車の網棚に載せた「紙袋」をそっくり置き忘れてしまったことです。

　終着駅は東京駅。まだ停まっている電車に慌てて戻りましたが、たしかに置いたはずの場所には影も形もない。ＪＲの遺失物受付に泣きついても、結局出てきませんでした。

　はじめて始末書を書く羽目になりました。なぜなら、その中に領収書の束が入っていたからです。悪用されたら大変なことになるところでした。

　以来、気をつけていることは「**手荷物は一つにまとめる**」ということです。両手で荷物を持たず、鞄にすべてまとめます。一つにまとめれば置き忘れはなくなります。

❖ 丸ごと放り込めるバッグもある

　いちいち整理せず、丸ごと放り込めるバッグもあります。トートバッグはそういうバッグです。ビジネスに使えるデザインのものもありますから、手荷物が増えてしまいそうなときは利用してみてください。

　フランスを代表する女優ジェーン・バーキンの名前で知られる「バーキン」もそうです。彼女は整理整頓が苦手だったため、なんでも放り込める容量の大きな鞄が欲しいとエルメスに注文したわけです。こういった大きな鞄になんでも放り込んでしまえば忘れ物をしないで済みます。

鞄は「インナーバッグ」で整理する

#紛失　#忘れ物

　デスク上はいつも整理されているのに、鞄の中はそれほど整頓されておらず、必要なものを取り出すのに時間がかかる人がいます。外部の人に見られるのはデスクの上よりもむしろ鞄の中身ですから、きちんと整理する仕組みを取り入れましょう。

　便利なのはインナーバッグです。これは整理、分類が同時にできてしまう優れものです。手探りで欲しいものを手早く取り出せます。

　また、鞄の中身は必要最小限に絞り込みましょう。「ないと困る」というものだけ入れておきます。つまり、使うものしか鞄に入れないのです。持っていて疲れない。それでいて、必要なときに必要なものをすばやく取り出せる。これが鞄の役目です。

　街ではキャリーバッグを引いて闊歩しているビジネスパーソンをたくさん見かけますが、これは持ち運びが大変ですし、たくさん物が入っているので、スムーズに取り出すことができません。大きな荷物を持ち込まなければいけないなどの特別な事情を除いて、仕事ではあまり使わないようにしましょう。

❖ 「ビジネスリュック＋インナーバッグ」がベスト

　疲れずに持ち歩くという目的ならビジネスリュックがベストかもしれません。私もよく使っていますが、これも整理ができるインナーバッグとの組み合わせで使うと便利です。ただし、ビジネスリュックは、容量の大きいものが多いため、物を入れすぎないように注意が必要です。

「鞄用レインカバー」を持ち歩く

#紛失

　地球温暖化の影響か、集中豪雨が増えてきました。気象庁が 1976 年からの 10 年間と 2007 年からの 10 年間の観測結果を比較したところ、集中豪雨の発生数は全国平均で 34％も増えていることがわかったそうです。

　突然の大雨はビジネスパーソンの天敵です。鞄の中に入れた重要書類が濡れて読めなくなってしまったらどうしようもありません。文字がにじんでまともに読めない書類を相手に渡すわけにはいかないでしょう。

　防水のビジネスバッグもありますが、布やファスナーの部分から水が入ってくることもあるので、完璧ではありません。

　そこで、**鞄をすべて覆うことができるレインカバーを用意しておきましょう。**大雨のときでも鞄に被せておけば、書類が濡れるのを防ぐことができます。

　手提げ鞄用、リュック用、キャリーバッグ用と、種類ごとに専用のカバーがあるので、自分の鞄に合ったものを選んでみてください。値段は安いもので 1000 円前後です。

　使わないときは小さく折りたたんで鞄の中に忍ばせておきます。こうしておけば、激しい雨が突然降り出す集中豪雨のときも安心です。

　折りたたみ傘をいつも持ち歩いている人は多いと思いますが、書類を雨から守るには傘だけでは不十分です。念には念を入れて、レインカバーを常に持ち歩くようにしましょう。

手帳に「スペアの名刺」を
入れておく

#忘れ物

「私、中島孝志と申します」

「すみません。名刺を切らしてまして」

　こういうシーン、意外とよくあります。私には経験がありませんが、名刺入れを出したまではいいけれど、その中にない。見れば、名刺入れはパンパンなのに本人の名刺だけがないのです。

　ビジネスパーソンにとって、**名刺は「最初の切り札」**です。初対面では必ず名刺交換。これがビジネスシーンの常識です。「いつもの人だから名刺はいらないな」ではありません。その人が紹介者を連れてくることは少なくありません。こういうシーンで「名刺切れ」「名刺忘れ」は起きます。

　なぜ、私が名刺を切らさないかというと、**手帳や財布にもスペアを用意している**からです。万が一、名刺入れに名刺が入っていなかったら、手帳からさっと取り出し相手に渡します。相手は名刺入れ以外のところから名刺が出てきたことに少し驚くかもしれませんが、印象が悪くなることはそれほどありません。

▶「最初の切り札」をしっかり渡すために

　名刺忘れがいつ起こるかといえば、鞄を換えたり、鞄を持ち歩かないときが多いと思います。ならば、**鞄とあまり関係ない、スマートフォンや手帳、財布に数枚入れておけばいいのではないでしょうか。**スマートフォンのカバーにはレシートやメモが入るようになっているものがあります。ここに名刺を入れておくのです。

　「最初の切り札」をきちんと渡せるよう準備をしておきましょう。

名刺は「クラウドサービス」で管理する

#名前間違い　#紛失

名刺が使われなくなることはないと思いますが、名刺整理用のケースやファイルはこれからどんどん必要なくなっていくでしょう。

なぜなら、名刺管理アプリ、ソフトが次々に誕生しているからです。いったんデータとして取り込んでしまえば、名刺そのものが不要になります。ですから、私はほとんど廃棄しています。

自分の仕事内容に適したサービスを選べばいいと思いますが、利用者が多いのが、Sansan 株式会社が提供している「Eight」というサービスです。

このサービスの特徴は名刺の管理機能だけではなく、SNS としての機能も備えていることです。名刺を取り込んだ相手もEight を利用している場合、ネットワーク上でつながることができます。つながった相手にメッセージを送ることもできますし、何より便利なのは、**相手が転職や昇進などで名刺を更新したときに「通知」が届く**ことです。

これにより、相手の役職が変わったことを忘れていたり、知らなかったりすることで起こる「名前間違い」を防ぐことができます。

❖ 名刺は「データ化」したら捨ててしまう

昔は名刺を捨てると相手とのつながりも断ちきってしまう気がして、なかなか捨てづらかったものです。しかしいまでは、名刺を処分してもデジタル上にそのデータを保存しておくことができます。思いきって「名刺はデータ化してすぐ捨てる」という仕組みを導入するようにしましょう。

「充電器」「モバイルバッテリー」を
必ず携帯する

#充電切れ

仕事柄、講義やセミナーが多いので、必ず充電器とモバイルバッテリーを持ち歩くようにしています。

スマートフォンも PC も 1 日くらいは充電せずとも使うことができますが、怖いのは「充電忘れ」です。前日つい充電するのを忘れて、1 日中不便な思いをしたことがある人も多いでしょう。

いまはスマートフォンや PC がないとまったく仕事になりません。「充電切れ」は仕事の結果に直結してしまう重大なミスなのです。

そうしたミスを防ぐためにも、必ず充電器とモバイルバッテリーを持ち歩きましょう。私はオフィス、自宅、そして出張用と三つずつ用意しています。どちらも安いものであれば 1000 円程度で買うことができるので、複数用意してもそれほどコストはかかりません。とにかくどんな場面でも充電できるように準備しておくのです。

⁝⟩ 動画やゲームはほどほどに

また、**仕事用のスマートフォンは、できるだけほかのことに使わない**ということも大切です。電車に乗っているビジネスパーソンを見ていると、スマートフォンで動画を見ていたり、ゲームをしていたりする人がいます。動画やゲームはかなりバッテリーを消費するので、充電切れのリスクが高まります。

仕事以外でも使いたいのなら、もう 1 台プライベート用のものを用意するか、複数回充電できる大容量のモバイルバッテリーを持ち歩くようにしましょう。

領収書は「蛇腹式ドキュメントスタンド」で一括管理する

#取り違え　#紛失

　仕事では、毎日大量の請求書や領収書を受け取ります。1年間溜め続けると膨大な量になり、管理するのが大変です。

　そんな問題を解決してくれるのが**蛇腹式ドキュメントスタンド**です。これは会社員からフリーランサーまで活用できると思います。さまざまな色や大きさがあるので、自分に合ったものを選んでみてください。私は「パピエリドキュメントスタンド」のA4サイズを使っています。

　蛇腹のものを使う理由は「分類」するためです。「領収書（レシート）」とひと言でいっても内容によってさまざまです。それらをあとから分けていくのはかなり大変な作業になります。そこで、入れる段階で分類できるようにするのです。

　蛇腹式ドキュメントスタンドのメリットは、届いた領収書を分類別に放り込むだけで済むことです。保存期間が終わるまでは大切に残しておきます。

　私が分類しているのは「交通費」「交際費」「本代」「郵便代」「保険・医療費」「年金」「税金」「その他」の八つです。

　分類の数と種類に関しては、仕事によっても変わると思います。いろいろと工夫して自分なりの保管ルールを決めていきましょう。

セキセイ パピエリ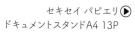
ドキュメントスタンドA4 13P

3

手帳・メモ・
ノート術

結果を出す人の
「記録」の取り方

「メモ魔」になる

「メモ魔」と呼ばれる人たちがいます。メモとはもともと「memorandum」（覚え書き）。語源は「memory」（記憶）です。

覚え書きですから、どこに書いてもメモになります。レストランの紙ナプキン、箸袋に書いたものも立派なメモです。

どうしてメモをするかといえば、閃きをあとで思い出すためです。「天才にはメモ魔が多い」といいますが、その理由は閃きをメモに残して、成果を出したからだと思います。

美術や解剖学、数学、幾何学、天文学、土木工学、軍事技術、植物学、動物学など、多岐にわたる分野で異才を発揮したレオナルド・ダ・ヴィンチのメモには圧倒されます。東京国立博物館で開催されたダ・ヴィンチ展で彼のスケッチや設計図、解剖図などを見ましたが、その独創性と緻密さには驚くばかりでした。

彼は天才というより努力の天才というほうがふさわしいと思います。生涯、ノートに残したメモは1万枚を超えるボリュームだったからです。40年間、毎日メモを取り続けたそうで、いま残っているのは一部だけです（それでも8000ページ！）。

❯ 大事なことを忘れないために

もしメモがなければ、彼の才能がここまで伸びたかどうかわかりません。どんなすばらしい閃きも、あとで思い出せなければ意味はありません。私たちも天才たちに学んで、**とにかくメモを取って、大事なことを記録するようにしましょう。**

「忘れるため」にメモを取る

#記憶違い　#やり忘れ

　脳生理学の研究によると、人間の脳は記憶装置というよりも想起装置＝思い出し装置だということがわかっています。

　たくさん記憶することよりも、「ここぞ！」というときにきちんと思い出すこと。仕事ではこっちのほうがはるかに重要ですし、役に立ちます。

　では、このとき大切なことは何でしょうか？　それは、記憶することよりも、外部装置に記憶させること。こういうと、難しいように聞こえますが、何のことはない。メモを取ることです。

　話が盛り上がったとき、「それ、使えるな！」と閃くことは少なくないと思います。そう思ったらメモすることです。「それほど重要なことならメモしないでも覚えているだろう」と油断してはいけません。次の日にはきれいさっぱり忘れてしまうこともありえます。

　メモを取るメリットは忘れても構わないことです。メモを見ればすぐ思い出せるので安心して忘れることができます。

　なかには、いまメモしておけばいいのに、「あとでいいや」と考えてしまう人がいます。

　「けっして忘れない」という自信があるのでしょうが、まさに脳を買い被っている証拠。脳は記憶装置ではなく想起装置です。「短期記憶」はあっという間に消えます。

　いまはスマートフォンがあるので、ノートやペンを持ち歩く必要もありません。**アイデアや仕事の重要事項などをきちんと思い出せるように、メモを取る習慣をつけましょう。**

記憶に残る「イラスト記録法」

#記憶違い

「メモ」というと、文字だけで取るものだと思っていないでしょうか。文字は情報を漏れなく記録するには便利ですが、記憶に残りにくいという欠点があります。そこで、**文字に加えてイラストを入れることで記憶に残るメモにしていきましょう。**

たとえば、会議でメモを取るとき、発言の横に発言者の似顔絵を添えておく。また、新商品について説明を受けたとき、特徴を簡単なイラストで記録する。どちらも文字だけで記録するより何倍も頭に残ります。

このテクニックを紹介すると、「私は絵が下手なので入れたくないです」という人が必ず出てきます。

「誰かに見せるものではないので、上手である必要はないですよ」と伝えるのですが、なかなか実行に移せないようです。

そういう人はまず**アイコンを入れたメモ**からつくっていきましょう。

右のように簡単に書けるアイコンを入れるのです。アイコンに慣れてきたら、少しずつイラストにも挑戦してみましょう。

嫌々ではなく楽しみながら書いたほうが記憶に残りやすくなります。あまり難しく考えず気軽に挑戦してみましょう。

 メール 電話 時間 スケジュール

 お酒 食事 飛行機 車

 電車 病院 注意 アイデア

 買い物 支出 記念日 旅行

常に「新しいページ」に書く

#記入ミス　#紛失

ノートに取ったメモを見返すときに、目的の箇所が見つからなくて困ることがあります。

これは、新しいメモを、以前のメモのすぐあとに書いているからです。メモの切れ目がわからず、探しにくくなってしまうのです。

あとから見返したときにわかりやすいように、**常に「新しいページ」にメモする**ようにしましょう。たとえ前のページに余白があったとしても、続きから書くのではなく、次のページからメモを取るようにするのです。

もったいないと感じる人もいると思いますが、本当にもったいないのは、「目的のメモを探す時間」です。あとからでも確認できるようにメモを取るのですから、「探しやすさ」は何よりも優先させるべきなのです。

また、探しやすくするために、**メモには「日付」を入れる**ようにしましょう。そうすれば、どこにどんなメモがあるかがだいたいつかめます。つまり、日付がインデックスのような役割を果たすのです。

メモするのは「未来の自分」のため

メモは確認するためのものです。適当に書きなぐってあとで苦労するのは自分です。

「未来の自分」のために、どうやったら確認しやすいかを意識してメモするようにしましょう。

「略語」を使って
すばやくメモする

#記入ミス

　会議などでメモを取る場合、話していることを書いてまとめることになります。

　その際問題になってくるのが、「書くよりも話すほうが速い」ということです。どんなに速記が得意な人でも、話すのと同じスピードで書き取ることはできないでしょう。

　話している内容をすべてメモしようとすると、話だけがどんどん先に進んでしまい、大切なことをメモし損ねてしまう可能性があるのです。とくに会議のような複数の人が発言する場では、工夫しないととても記録しきれません。

　話した内容を漏らさず記録できるように、「略語」をうまく活用しましょう。**人の名前や企業名をイニシャルで書くようにする**のです。

　「三笠書房」は「MS」、「中島孝志」は「NT」となります。固有名詞は会話内で何度も登場しますから、略語でメモするようにするとかなりスピードアップできます。

⫶「凡例」を入れておく

　しかし、略語はあとから見返したときに何を意味しているのかわからなくなる可能性があります。

　そこで、**メモの余白のところに、「MS＝三笠書房」のように、凡例を書いておくようにしましょう。**テクニック37でも述べたように、メモは確認するためのものですから、略語もわかるようにしておく必要があるのです。

「何を話したか」を記録しておく

#記憶違い　#伝達ミス

　昔、上級の軍人は日記をつけることを推奨されていました。

　箇条書きで日々、身の回りに起きたことを淡々と書き連ねていく。誰と会ったか、どんな話を聞いたか、それに対して自分は何を話したか。事実を書いていく。

　なぜ、日記を書くことがすすめられていたのでしょうか?

　それは、**後日問題が起きたとき、自分を守るための「証拠」や「弁護資料」にする**ためです。身に覚えのない疑いをかけられたとき、その日記がアリバイを証明してくれるのです。

　失敗を許されない軍人だからこその習慣ですが、一つのミスが命取りになるのは現代のビジネスパーソンも同じ。ですから、自分の身を守るためにも、事実を記録する習慣をつけることが大切です。

　いつ、どこで、誰と会ったか。そこでどんな話をしたか。簡単でもいいのでメモを取るようにしましょう。会話中にメモする必要はありませんが、あとで必ず記録するようにします。

▷「録音」だけで記録できる技術も生まれている

　国立情報学研究所と筑波大学は、会議をスマートフォンで録音するだけで、誰が何を話したかを特定できる技術の開発に成功しています。今後、わざわざメモを取らなくても、話したことを簡単に記録できるサービスが生まれるかもしれません。しかし、実用化にはまだまだ時間がかかりそうです。もうしばらくは、メモの習慣をつけることで、ミスを回避していきましょう。

「わからない言葉」を
リスト化しておく

インスタ映え、リベラルアーツ、LGBT……。どれも最近よく
目にするようになった言葉ですが、あなたは意味を理解してい
るでしょうか。

なんとなくのイメージしかわからず、本当の意味を理解して
いない言葉があると、伝達ミスが起きる可能性があります。な
ぜなら、相手のいっていることと、自分の理解に齟齬が生じて
しまうからです。そうならないためにも、わからない言葉はす
ぐに調べる癖をつけることが大切です。

ただし、すぐに調べることができない場面もあります。たと
えば、打ち合わせで相手が使った言葉の意味がわからなかった
とします。こんなとき、すぐにスマートフォンを取り出して調
べるわけにはいかないでしょう。相手に意味を尋ねるのも「常
識知らず」だと思われてしまうかもしれないので、ためらう人
が多いと思います。

しかし、「あとで調べよう」と思うだけでは忘れてしまいます。
自分の記憶は当てにせず、**メモに残しておくことで、調べるの
を忘れないようにしましょう。**

➣ 「自分専用辞書」をつくる

おすすめなのは、ノートの右ページの端を常に空けておき、
そこにわからない言葉をメモする方法です。こうすれば、ノー
トをぱらぱらとめくっていくだけで言葉を見つけることができ
るので、あとで確認しやすくなります。

言葉の意味を調べたら、Excel で作成した「わからない言葉

リスト」に記録します。

　集めた言葉を五十音順に並び替えれば、あなた専用の「辞書」ができあがります。定期的に見直す機会をつくって、意味を確認するようにしましょう。

☞ 新しい言葉は次々生まれている

　昔は、覚えなければいけない言葉というのは、仕事に関係する専門用語くらいでした。

　しかし、いまは違います。社会の変化のスピードがどんどん速まり、それに伴って新しい言葉も次々と生まれています。そういった新しく生まれた言葉も知らなくてはならなくなってきているのです。

　新しい言葉を理解するというのは、その言葉が生まれた背景も理解するということです。

　たとえば、「インスタ映え」という言葉は、写真投稿型 SNS「Instagram」が爆発的に流行するなかで生まれた言葉です。「Instgram に投稿した写真や、その被写体の見映えがいい」という意味で使われます。

　こうした言葉を知っていなければ、世の中の動きもわからなくなってしまうのです。

　伝達ミスを防ぐ、ということだけではなく、「時代遅れ」の人にならないためにも、新しい言葉に対するアンテナを張っておくべきなのです。

「マネジメントメモ」を取る

　仕事ができる人は「メモ魔」です。そして、できる上司もメモ魔です。部下に指示を出す。部下から報告を受ける。そのとき、口頭でやり取りするだけでなく、できる上司はきちんとメモしているのです。

　メモは指示を受ける側が忘れないように取るものだと思いがちですが、「〇月〇日、〇〇さんにこういう指示をした」というメモをきちんと残しているのです。

　これを私は「マネジメントメモ」と呼んでいます。

　いろいろな活用法があります。第三者に見せるものでもありませんから、どんなことを書いてもかまいません。
「A君は営業力があるけど数字に弱い」
「B君は月末や期末になるとノルマが達成できないといってくる」

　この2人をどう教育するかをメモでまとめておくのです。すると、「A君には曖昧な表現ではなく、数字を使って話すように働きかけていく。B君には適切な目標の立て方を指導していこう」とマネジメントの方針が見えてきます。

❯「仕事の5W1H」を確認する

　上司は忙しい仕事です。誰に何を指示したか、いつまでにやると約束したか、どのように進めていくのかなど、いわゆる、「仕事の5W1H」をチェックするためのメモを取っておくのです。

　「マネジメントメモ」をつけることで、指示漏れ、指示忘れといったミスがなくなります。

作業を中断するときは「進捗メモ」を残す

#記憶違い　#段取りミス　#やり忘れ

　仕事に対する集中力を高めるためには、できるだけ作業を中断しないことが大切です。しかし、実際に仕事をしていると、上司から急ぎの仕事を振られたり、同僚から手伝いを頼まれたりして、中断せざるを得ないときもあります。

　そんなとき、実践してほしいことがあります。それは「**進捗メモを残しておく**」こと。進捗メモには次の3点を記入します。

1. 仕事の内容
2. どこまで進めたか
3. 次に何をするか

　このメモがあれば、仕事を再開するときにも「どこまで進めたか、何をすればいいか」で迷うことはありません。すぐに仕事の続きに取りかかることができます。

　何度も述べてきましたが、人間の記憶は当てになりません。別の仕事をしているうちに、中断した仕事のことはどんどん忘れていきます。その結果、仕事のやり残しややり忘れといったミスが起きてしまうのです。

　また、これはミスを防ぐ以前の問題ですが、相手から仕事を頼まれたとき、そのすべてに応じる必要はないということを頭に入れておいてください。

　自分が取り組んでいる仕事のほうが重要だと感じたのならば、相手にきちんと理由を説明して、自分の仕事を優先させるようにしましょう。

名前と顔を忘れない「特徴メモ」

人の名前と顔がなかなか一致せず、悩んでいる人も多いと思います。しかし、どこで誰と再会するかわかりませんから、なるべく忘れないようにしたいものです。

名前と顔を忘れないようにするには、自分の中に相手の印象を強く植えつけることが必要です。

記憶に残る人というのはインパクトの強い人です。強烈な第一印象が記憶に刷り込まれます。強烈な印象は相手から発信されるだけでなく、受信装置＝あなたがいくらでも操作できるのです。

「○○さんの会社の新商品、評判いいですよね。私も利用者の1人ですけど、こうしたほうがもっといいと感じました」などと相手が興味を持ってくれるような話題を必ず振ります。

初対面、しかも不特定多数が集まる場所ではそんなに突っ込んだ話はできませんが、それでも、**ありきたりでなくその人としかできない話題をやり取りすれば印象に残ります**。何回か繰り返せば、その日のうちに相手のことを覚えてしまいます。

➢「特徴」をメモすれば忘れない

さらに強烈な印象にするために、**その人の特徴や会話内容をメモしておきましょう**。「漫才師の○○に似てる」「女優の○○さんに似てる」「新商品の話で盛り上がる」でもいいのです。相手に見せるわけではないので、多少失礼な表現でも構いません。こういうことを習慣化すると、人の特徴を捉える名人になれます。ここまで来れば顔と名前が一致するようになります。

「ハードカバーのノート」を使う

#記憶違い　#記入ミス

　ゴッホやピカソが愛したノートとして有名なのがモレスキンノートです。私も愛用していますが、撥水加工された硬い表紙と、閉じるためのゴムバンドが特徴です。シンプルなデザインなので、ビジネスの場にぴったりの手帳だといえます。

　とくに硬い表紙がポイントです。ノートを開くのは、机の上だけではありません。立った状態でメモすることもあります。そんなとき、**厚手の表紙がボード代わりになるので書きやすくなります。**

　一方、ソフトカバーのノートだと、自分の手で支えながら書くしかなくなりますから、どうしても不安定になります。あとから見返したときに書いてあることが読めない部分も出てくるでしょう。

　私は字が下手なので、少しでも安定した状態で書けるように、モレスキンノートを使っているのです。

　以前は黒1色しかありませんでしたが、最近はイエローやグリーンなどさまざまな色のものがありますから、黒の無骨な感じに抵抗がある人でも手に取りやすいと思います。

　また、中身も無地、罫線、ドット、方眼と複数のバリエーションがあるので、自分の好みに合ったものを選ぶといいでしょう。

（▲）モレスキン
　　クラシック ノートブック

手帳は「消せるペン」では書かない

#記憶違い　#伝達ミス

　ミスをなくす方法について紹介している本を読んでいて、思わず目を疑ったことがあります。その本には「消せるボールペンを使って予定をどんどん上書きしていく」と書いてあったのです。この本を読んで実践した人はむしろミスが増えるでしょう。

　たとえば、スケジュールが変更になったとします。

　私なら、「〇月〇日〇時→△月△日△時に変更」と書き込みます。予定はすべて Google カレンダーで管理していますから、変更前のスケジュールを消去することもできます。しかし、絶対に消しません。

　「変更した」という情報そのものを残さなければダメです。なぜか？　「変更しようという話をしたと思いますが」「聞いてません！」「しましたよ」「いえ、聞いてません！」という典型的な水掛け論。こんなトラブルが起きたとき、「〇月〇日に変更するという話をしましたよ。△月△日の打ち合わせで決めました」と証拠を見せれば問題が氷解します。「そうか、私が忘れていたのか」と相手にわかってもらえます。いった、いわない、変更した、しない、という水掛け論は対立と不信感しか生みません。

　しかし、肝心の証拠を消してしまったら確認のしようがありません。なんでも消せばいいというものではありません。私は手帳を使っていたときも**元の予定に横線を引き、その上に変更点を記入する**ようにしていました。

　スマートフォンにしても PC にしても、クリック一つで簡単に削除、消去できます。だからこそ、変更履歴を残しておきましょう。その履歴があなたを守ってくれます。

手帳の最後に「よく使う情報」を記入しておく

#記憶違い　#データ消滅

多くの手帳には、最後のほうのページにさまざまなデータが掲載されています。主要都市の路線図や国内郵便料金など、役に立つ情報を載せてくれているのです。

これらは手帳を使うほとんどの人にとって便利な情報ですが、ほかにも人によって「よく使う情報」というのがあると思います。そういった情報を手帳に記入しておくといざというとき役に立ちます。

たとえば、得意先の住所や電話番号、担当者の名前などをメモしておくのです。いまはどんな情報もスマートフォンで確認できるので、手帳に書き込むことは少なくなりましたが、スマートフォン一つにすべての情報を集約させるのはリスクがあります。忘れたり、故障したりしたら、まったく仕事にならなくなってしまうからです。**いつでも確認できるようにしたい情報は手帳にも書き込んでおくと安心できます。**

≫「持ち主メモ」も記入しておく

また、手帳の最後には「持ち主メモ」として、自分の名前や住所、電話番号などを記入する場所があります。以前、私が手帳を拾ったとき、この部分に何も記入されておらず、持ち主がわからなかったということがありました。警察に落とし物として届けましたが、持ち主の元に戻った可能性は低いと思います。

個人情報を記入するのに抵抗があるのはわかりますが、大切な手帳が返ってこないのはかなりの痛手です。せめて**名前と電話番号くらいは書いておくように**しましょう。

「案件ごと」にノートを変える

　ここ10年で、打ち合わせの様子も大きく変化しました。以前は、話し合った内容をノートにメモしていましたが、いまはPCで入力することも多くなりました。

　しかし、「PCを開いていると、相手の顔をよく見て話せないので失礼だ」という意見もあるようです。

　たしかに年配者の中には無礼だと感じる人もいるでしょうから、場面に応じて使い分けるとよさそうです。

「手書き派」の人に注意してもらいたいことがあります。それは、ノートの使い方です。

　打ち合わせ相手を観察していると、いくつもの案件を一つのノートにまとめている人がいます。新しいページを探してめくっているときにも、「〇〇社打ち合わせ」や「納品△月△日」など、ほかの取引先とのやり取りが目に飛び込んできます。勘のいい人はこんな断片的な情報でもビジネスに生かします。

　1冊のノートにまとめることで、気づかないうちに情報を流出させてしまっているのです。

▷ 「1案件、1ノート」を徹底する

　管理するのは多少大変ですが、**ノートはできる限り「案件ごと」に変える**ようにしましょう。

　テクニック16で紹介した「ファイルは『色分け』で管理する」を応用して、案件ごとに違う色のノートを使用すれば、取り違えることはなくなるでしょう。

ノートは「電子化」して保存

大事な情報が詰まったノートは紛失したら途方に暮れてしまいます。PCの中身はすべてオンライン上で管理していますから、万が一、オフィスと自宅すべてのPCが壊れても困りません。

しかし、「ノートが消えた」となるとそうはいきません。こんなに大切な「財産」であるにもかかわらず、たいていの人は棚にポンと差し込んでいるだけではないでしょうか。あるいはデスクにしまい込んでいるかもしれません。

ならば、**大切なノートも「電子データ」としてオンライン上で保存してはどうでしょうか?** 一度電子化してしまえば、紛失するリスクがなくなりますし、余計なスペースも取りません。何十年もかけて書き溜めた取材ノートだって場所を取らずに保管できるのです。

たとえスキャナーが家になくても、スマートフォンさえあればスキャンは可能です。「Googleドライブ」のアプリには、スキャン機能がついており、撮影した画像を1フォルダにまとめて保存することができます。

私はこのスキャン機能を使って、領収書やノート、メモなど、すぐになくなってしまう紙類も保存しています。

🔺 Googleドライブ

4

デジタル
整理法

ミスよけ
49

増え続けるデータに
どう対応するか

ミスよけ
65

パスワードは
「自分だけにわかるルール」で決める

　覚えやすいパスワードは盗まれやすい。盗まれにくいパスワードは覚えにくい。現代社会の悩みの一つです。

　パスワードをいくつ持っていますか？　私の場合、いま使っているサービスだけで40ありました。これだけの数のパスワードを管理するのはかなり大変です。

　長年人気のある、そして危ないパスワードの代表は「123456」「password」などです。そうしたパスワードを設定している人は、「誰でも自由に利用してください」といっているのと同様です。

▶ 「パスワード迷子」にならないために

　日本がパスワード社会になったのも、鍵をかけなければ安全が担保されないからでしょう。おかげであれもこれもパスワード。買い物をカードで支払えばサインではなくパスワード入力。

　セキュリティがますます厳しくなり、パスワードを毎月変更しなければならない企業も少なくありません。しかも、同じパスワードを使ってはいけないというルールまであります。

　あまりに増えてしまってどれがどのパスワードだったのかわからなくなっています。それで、いざというとき使えない「パスワード迷子」が激増しています。さらにログインIDまで用意しなければならないのですから、管理しきれなくなって当然です。「arlgh3jsdfgi9」のようなまったく意味のない文字列がもっとも強力なパスワードですが、これをいくつも覚えるのは現実的ではないでしょう。

　そこで、自分だけにわかるルールでパスワードを決めるよう

にしましょう。他人から見るとただの文字列なので、強度の高いパスワードにすることができます。

パスワードをつくる際におすすめしたいのが、**キーボードを使ってひらがなをアルファベットと数字に読み替える方法**です。たとえば、「ぬ＝1」、「り＝L」になります。「うえのえき」は「45k5g」です。この方法を使って長めの文章を変換すれば、破られにくいパスワードにできます。数字が必須ならば、キーボードの一番上「ぬふあうえおやゆよわ」が入るような文章にしましょう。

また、大文字と小文字を併用させる必要があるのなら、「○文字目を大文字にする」と決めておくといいと思います。

パスワードを長期間変更していなかったり、使い回しをしていたりすると、パスワードを盗まれる危険性が高まります。上のような方法を利用して、強度の高いパスワードを設定しましょう。

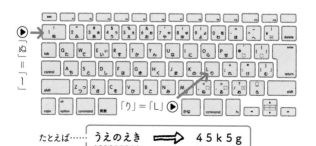

たとえば……　うえのえき　➡　4 5 k 5 g

「高いセキュリティ意識」を持つ

最近、よく見かけるのがインテリジェントビルです。勝手にオフィスには入れず、相手が受付までわざわざ降りてきて、エレベーターで同行するという仕組みが多いようです。

エレベーターも ID カードがなければ反応しませんし、フロアに入るにもまた ID カードが必要です。つまり、少なくとも二重のセキュリティで守られていることになります。

ところで、この会社はいったい何を守っているのでしょうか？ 実際に経営者に聞いてみると、PC 内のデータや社外秘の書類などの**「情報」が漏えいしないように**ということだそうです。情報流出に対してしっかり対策を取らないと、会社の経営を揺るがす大きな問題に発展しかねないという意識があるのでしょう。

⦂ 「現場」のセキュリティ意識は低い……

経営者が情報を守ることに対して高い意識を持ち、強固なセキュリティシステムを導入している会社でも、残念ながら現場のセキュリティ意識は低いということがあります。

オフィスには、売上利益のデータから顧客リスト、稟議書、決裁書、役員会議事録、社員名簿など、ありとあらゆる資料が置きっぱなしになっています。社員同士の会話に耳をすませると、取引先の名前や契約内容など、「関係ない人間の前で話してもいいのだろうか」と思うようなことを話しています。

オフィスに入るまでは大変ですが、一度入ってしまえば、重要な情報がそこかしこにあるのです。

　もし、悪意のある人間が入り込めば、ありとあらゆる情報を盗まれてしまうでしょう。

➢「当たり前」なのにできていない

　書類だけではありません。データ管理も徹底されていません。
　ID、パスワードもいとも簡単に盗める状況です。PCの近くにIDとパスワードが書かれたメモが置かれていたりします。パスワードはほかの人が使用できないように設定されているのです。他人に見えるようにメモを置いていては何の意味もありません。
　社外秘の資料は出しっぱなしにしない。IDやパスワードは誰にも教えない。当たり前ですが、できていない人がたくさんいます。
　情報漏えいはほとんどの会社で厳罰の対象です。そんな致命的なミスを犯さないよう、高いセキュリティ意識を持たなければなりません。

社外秘の資料は
出しっぱなしにしない

ID・パスワードは
誰にも教えない

データは
「オンライン」で管理する

#データ消滅

仕事の資料から家族の写真に至るまでありとあらゆるデータをPC内だけで保存してしまっていませんか?

これでは、PCが故障したときにすべてのデータも一緒に消えてしまうので、非常にリスクの高い状態です。

データはローカルだけでなく、オンラインでも保管するようにしましょう。

ビジネスパーソンによく使われているのが、「Dropbox」というオンラインストレージサービスです。

Dropboxにアップロードしたデータはオンライン上に保存されるため、たとえPCが故障してもデータを残すことができます。

また、PCだけではなく、スマートフォンやタブレットでも利用することができるため、データをまとめて管理することができるというのも大きな利点です。

私は、原稿、画像、動画など、PCに入っているデータはすべてDropboxにも保存しています。

以前PCが壊れたときも必要なデータはDropbox内にすべて保存されていたため、仕事にはほとんど影響がありませんでした。

▼Dropbox

「OneNote」で文章、音声、画像を一括保存

#記憶違い　#紛失

いまのノートをもっと多角的に利用したいと思いませんか？

Microsoft が公開している「**OneNote**」は**テキストだけでなく、写真、動画、ボイスメモ、Office 文書、Web ページなど、さまざまなデータを取り込むことができる**ので便利です。アカウントを同期させれば、PC、スマートフォン、タブレットでデータを共有することもできます。

メモはキーボードだけでなく手書き入力もできますし、録音もできます。外出先で思いついたことがあれば即録音です。

また、嬉しいのは**検索機能がついている**こと。膨大な情報量のノートをつくっても、情報を即座に取り出せなければ話になりません。

いざというときに情報が見つからないノートは役に立ちません。OneNote ではキーワード検索ですぐに情報を引き出せます。しかも、OCR（光学的文字認識）機能までついていますから、画像に写ったテキストも検索できます。

▼OneNote

手書きの文章やイラストだけだとどうしても情報量が少なくなります。大事なことをメモし損ねてしまい、信用を落としてしまう可能性もあります。手書き派の人も OneNote などのデジタルメモサービスを導入してみてはいかがでしょうか。

PCは「3年」で買い替える

　私はPCを3年おきに買い替えています。デザイナーやプログラマーでもないのに早いのではといわれるかもしれませんが、私の仕事はPCがなくては始まりませんから、これぐらいの頻度で替えるべきだと思うのです。

　PCの寿命が来たというのは、ハードディスクが正常に働かなくなったという意味です。

　ハードディスクにはPCを動かすOSがインストールされ、たくさんのソフトやデータが保存されています。これが壊れると、PCが動作しなくなります。そしてハードディスクの復旧に失敗すると、PC内のすべてのデータが消滅してしまいます。そうなっては困るので3年おきに買い替えているのです。

　ハードディスクの寿命はおよそ4〜5年だといわれています。3年で替えるというのはかなり余裕を持たせていることになります。

　ただ、PCを新しくするのは、データ消滅のリスクを回避するためだけではありません。新しいPCは処理速度が格段に上がっているので、起動もスムーズですし、データのダウンロードもかなり速くなります。その分、**仕事もこれまでより効率的に行なえます**。なので、早めに替えたことで後悔したことはありません。

　いま使っているハードディスクの寿命を知る方法もあります。「CrystalDiskInfo」というフリーソフトをインストールすると、PCの起動回数やエラー回数からハードディスクの状態を正常、注意、異常の3段階でチェックしてくれます。注意や異常と表示される場合は壊れるリスクが高いので、ハードディスクやPCを新しいものに替えることを検討しましょう。

デスクトップに「ファイル」を置かない

#取り違え　#紛失

　PC のデスクトップを見れば仕事の能力がわかるといわれます。仕事ができる人のデスクトップは例外なくすっきり整頓されています。最低限のアイコンしか表示されておらず、どこに何があるかが一目でわかります。

　一方、仕事ができない人のデスクトップはアイコンだらけ。画面の 7 〜 8 割を占拠している場合もあります。これだけたくさんのアイコンからお目当てのものを見つけるのは大変です。探している時間が積もり積もって、仕事の効率を下げてしまいますし、ファイルを紛失する原因にもなります。

　デスクトップがあっという間に埋まる理由は「ファイル」を置いてしまうからです。複数のデータを入れられる「フォルダ」ならまだしも、**データ単体であるファイルは、デスクトップに置かないようにしましょう。**たとえるならば、ファイルは書類、フォルダは書類入れです。デスクトップにファイルがある状態は、デスクに書類が出しっぱなしになっているのと同じなのです。

⮞「例外」はつくらない

　デスクトップには使用頻度の高いフォルダだけ置いておくようにします。ファイルはどんなによく使うものでも、必ずフォルダにしまっておきます。なぜなら、一つ例外をつくるとなし崩し的にファイルが増えてしまうからです。

　作業効率を落とさないように、デスクトップは常に整理された状態を維持するようにしましょう。

メールの「バックアップ」を取る

#データ消滅　#伝達ミス

　ある調査では、ビジネスパーソンが1日に受信しているメールの数は平均39通にものぼるという結果が出ています。

　これだけ大量のメールが毎日、毎日押し寄せてくるわけですから、受信フォルダにはものすごい量のメールが保存されているでしょう。

　定期的に溜まったメールを削除しているという人もいると思いますが、私は**できる限りメールは保存しておくべき**だと考えています。なぜなら、取っておいたメールが思わぬところで役に立つことがあるからです。

　ビジネスでは、数年間まったく連絡を取り合っていなかった相手と、再び取引することになったりします。そんなとき、昔やり取りしたメールが残っていれば、当時の契約内容などが確認でき、スムーズに取引を始めることができます。メールは、さまざまな情報が詰まった宝の山なのです。

❯ メールボックスには保管しない

　とはいえ、メールボックス内に保管しておくと、データ量が大きくなりすぎて、送受信がうまくいかなくなるなど、トラブルが生じる可能性があります。

　そこで、**定期的にメールを保存用のフォルダに移し、メールボックスとは別の場所に保存しておく**ようにしましょう。

　また、メールソフトによっては、バックアップ機能がついているものもあるので、必要に応じて利用するといいと思います。

「変更履歴」を残しておく

#伝達ミス

一つのデータを複数人で編集していくときはミスが起こりやすいので注意が必要です。

本をつくるときには、著者である私と編集者の2人で原稿データを編集していきます。編集者から原稿データの修正が戻ってきたとき、「どこが直されているのかわからない」という問題が起こります。

そういうとき、誰がどこを修正したのかを記録しておく方法があります。「**変更履歴機能**」を使うのです。この機能をオンにしておくと、文字を修正した部分が色つきで表示されます。私は赤字、編集者は青字……というように、手を入れた人によって色を変えることもできます。

たとえば、お客さんに提案する企画書をチームのメンバー全員でつくるとしましょう。このとき、**変更履歴機能を使って、メンバーそれぞれがどんな修正をしたのかを記録しておく**のです。

そうしておけば、最終的にまとめる際、変更履歴を見ながらどれを採用するのかを決めることができます。

変更履歴機能は Word など文書作成ソフトの多くに搭載されています。チームで仕事を進めるときなどにぜひ活用してみてください。

▼「Word」の
変更履歴

フォルダは
「3階層以内」にまとめる

PCの中でデータやファイルが行方不明になっている人は多いのではないでしょうか。

昔、作家の故・堺屋太一さんが「人生の半分は紛失物を探してる。だから、僕の手帳はすぐに見つかる色にしてるんだ」といっていました。実際にその手帳を見せてもらったことがありますが、なんと金色でした。聞けば、金属会社に特注でつくってもらっているという代物でした。

手帳の場合、手帳そのものがなくなることはあっても、中の情報は基本的に書いた順に並んでいますから、一定の秩序が保たれます。しかし、PCはそうではありません。データが無秩序に増えていき、どんなに探しても必要なものが見つからないという事態に陥ります。

なぜ見つからないかというと、見つかりやすいように整理していないからです。フォルダをいくつもの階層に分け、そのフォルダのそれぞれにデータが入っている状態だと、どこに何があるのかまったくわかりません。

せめて、**フォルダは3階層以内にまとめましょう**。もし、新たにデータを置く場所をつくりたいなら、独立した新規のフォルダを作成すればいいのです。

❖ テーマごとの分類で探しやすく

大切なことは、あとで探しやすいようにすることです。まず用件ごとにフォルダをつくります。「売上」というフォルダをつくったとしたら、売上に関するデータはすべてまとめます。

トートバッグに「売上関連情報」をすべて放り込むイメージです。

　データの紛失はどこに何を入れたのかがわからなくなることで起こります。フォルダ内のデータの数が多くなったとしても、あまり階層を分けず、「このデータは絶対にここにある」という状態にしたほうが紛失しづらくなります。フォルダの中から探すのは多少大変かもしれませんが、検索機能などをうまく使えば、それほど時間はかからないはずです。

　フォルダ内のデータが多くなってきたら、**優先順位にしたがってデータをナンバリングする**のもいいでしょう。たとえば、売上の大きい取引先を上から順に並べたいときは、「1．Ａ社」「2．Ｂ社」……というようにナンバリングし、「名前順」で並べ替えをすれば、自動的に整理できます。

　PCは、膨大な量のデータを保存できますが、その分、データの紛失が起こりやすいため、シンプルなルールで管理する必要があります。

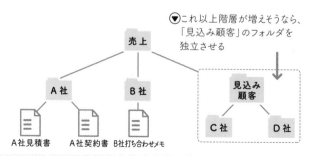

▼これ以上階層が増えそうなら、「見込み顧客」のフォルダを独立させる

ファイル名に「日付」を入れる

#取り違え　#紛失

PC内のデータがどんどん増えてしまい管理しきれないと悩んでいる人は多いと思います。そういう人は、ファイル名を工夫してみましょう。

たとえば、私は**ファイル名に必ず日付を入れる**ようにしています。単に「○○社請求書」や「△△社原稿」だけだと、似たような名前のファイルと見分けがつかなくなってしまうからです。「データ名＋日付」にしておけば、いちいちデータの中身をチェックしなくても名前だけで判別できるようになります。

➢「検索のしやすさ」もメリット

日付を入れておくと、検索がしやすいというメリットもあります。ファイル名による検索に加えて、日付でも検索できるため、「先月作成した資料をすべて表示させる」といったことも可能になります。

このテクニックとテクニック57で紹介した「テーマごとの分類」を組み合わせれば、データ管理はかなりやりやすくなると思います。

ちなみに日本語入力システムの「ATOK」を使用している場合、「きょう」と入力して変換すると、その日の日付が表示されるため、すばやく日付入力ができるようになります。

▲「ATOK」日付入力

「メールチェック」の時間を決める

#確認漏れ　#時間配分ミス

　ビジネスパーソンはメールの確認が欠かせません。しかし、ほかの仕事に集中できなくなるくらいチェックしてしまっているとしたら問題です。ある研究では、オフィスワーカーはおよそ5分に1回の頻度でメールを確認しているそうです。

　頻繁なメールチェックは仕事に対する集中力を落とすのでおすすめできません。集中が途切れた状態で仕事をしていると、ミスを起こしやすくなります。

　私は「メールチェック」の時間を決めて、必要以上に確認しないようにしています。具体的には、①起床時、②午後4時、③午後8時、というように、1日3回と決めています。「起床時」は緊急連絡の確認のためです。「午後4時」については、これを逃すと宅配便手配や郵便手配が間に合わないからです。「午後8時」は1日の最後の業務確認です。

　ただし、社外にいるときはその限りではありません。私は外出中や移動中にできるもっとも効率のいい仕事はメールのチェック、返信だと思っているので、空いている時間があればどんどんさばいていきます。

❖「返信」を待っていても仕方がない

　チェックする時間を決めると精神的に余裕を持てます。早く返信が来てほしいと待ち遠しいケースもあるかもしれませんが、来ないメールは来ない。来るメールは拒絶したくても来るものです。チェックはこの時間だけにすると決めてしまうほうがずっと楽です。

返信はPCとスマートフォンを使い分ける

#伝達ミス

いまどき、スマートフォンを持たないビジネスパーソンはめったにいないと思います。仕事でスマートフォンを使う場合、電話よりも圧倒的にメールで連絡することが多いでしょう。

私の場合、**短文で返せるメールはスマートフォンで処理して**います。逆に、**長い返事を書かなければならないときはPC**で返します。つまり、役割分担させているのです。

もちろん、内容はすべてスマートフォンでチェックしています。回答もすでに用意できています。しかし、長ければPC任せです。

▷ 短文＝スマートフォン、長文＝PC

考えなくてもいいメールはスマートフォンで処理しているのです。そしてオフィスや自宅では長い回答をしなければならないメールを返しています。

長い回答が必要な仕事（＝優先順位の高い仕事・重要な仕事）に時間を振り向けるために、電車やタクシーなど移動中にスマートフォンで処理しているわけです。そして、**回答したメールはどんどん別のフォルダに移していきます**。

すると、PCを開いたときには、重要度の高いメールだけが残っていますから、残りのメールに没頭すればいいというわけです。

あまり重要ではないメールはスマートフォンで、伝達ミスが許されない重要なメールはPCで、というように返信の際のルールを決めれば、ミスなく速い仕事ができるようになります。

「開封確認」で送信ミスを防ぐ

#確認漏れ　#伝達ミス

些細なミスが大きな失敗につながることは少なくありません。頻発するちょっとしたミスはしっかりと対策しておきましょう。

たとえばメールでのやり取りでよくあるのが、「相手に届いていなかった」というトラブルです。ビジネスパーソンなら誰でも一度は経験したことがあるのではないでしょうか。

これを防ぐいちばん手軽な方法が、「開封確認」をつけることです。受信者がメールを開くと送信者に通知が行くため、行き違いがなくなります。

私は、開封の通知が来たのに返信が来ない場合、1週間後に催促のメールを入れることにしています。

しかし、相手に不快感を与えてしまうのではないかと考え、使うのを躊躇する人もいるようです。

▷「重要な依頼」には開封確認を

もちろん、簡単な事務連絡を開封確認つきで送る必要はありませんが、重要な依頼をする際にはなるべくつけるようにしましょう。

もし、相手がどう思うのかが気になるのならば、「**重要なご連絡ですので、開封確認つきでお送りいたしますが、何卒ご容赦ください**」などと、一文を添えればいいのです。

あとになって送れていないことがわかった場合、お互いに大きなロスをすることになります。

そうならないためにも、相手に届いているかを確認する仕組みをつくるべきなのです。

最初に「送付すべきデータ」を添付する

#添付漏れ　#伝達ミス

私たちの記憶は、時間とともにどんどん失われていきます。脳自体が「記憶違い」をしやすいメカニズムになっているのです。

記憶がどんどん失われていくことを立証した「エビングハウスの忘却曲線」というデータがあります。このデータによると、記憶した事柄は20分後にはすでに42％忘れてしまい、1時間後には56％、翌日には76％は忘れてしまうのです。

脳を過信してはいけません。ならば、どうすればいいのでしょうか？　脳にできるだけ依存しないで済むような方法を取るのです。

▶ 添付漏れは「順番」を変えれば防げる

記憶に頼りすぎることで生じるミスの一つが、メールの文章を書いているうちに、データを添付しなければいけないことをすっかり忘れてしまうこと。

添付漏れを防ぐ方法は簡単です。メールを書くときの順番を変えるだけです。

最初に「送付すべきデータ」を添付してしまうのです。こうすれば絶対にミスすることはありません。添付したことを確認してから、メールアドレスを入れ、それからメール文を書けばいいのです。

添付漏れは最後に添付するから起きるのです。脳は当てになりません。メール文を書いた瞬間、「完了した」と錯覚してしまうのです。順番を変えて最初に処理するようにすれば難なく解決できるはずです。

1回のメールで用件は一つ

　一度にたくさんのことを聞かれると混乱してしまうのが人間です。

　にもかかわらず、メールでいくつもの用件を同時に書いて送ってくる人がいます。「この人は頭が整理されていないな」と感じてしまいます。そのうち「追加でお伝えしたいことがあります」とメールしてくるだろうなと思っていると、案の定追加メールが入ったりします。

　相手にすんなり回答してもらうコツがあります。それは、**1回のメールには一つの用件しか入れない**こと。「ついで」の内容を入れてはいけません。

　届いたメールが依頼なのか、質問なのか、相談なのかがはっきりせず、すべてがごちゃまぜになっていると、受け取った人の頭も混乱します。返答し損ねた用件があったとしても仕方ありません。整理されていないメールを送ってくる側の責任です。

　仕事のメールは業務連絡に徹すること。定型挨拶のあとは即、用件です。用件がすぐにわかるメールでないと、相手はなかなか返信をしてくれません。

　私はメールを処理するときには、回答しなければいけないもの、回答しやすいものから返していきます。このメールは1位、このメールは2位、このメールは廃棄というように優先順位を決めていくのです。だらだらといくつもの用件が続いたメールの優先順位はもちろん低くなります。

　ビジネスは「わかりやすく」が鉄則です。あなたのメールが、相手を混乱させる内容になっていないか、見直してみてください。

流用文は「名前」「日付」を必ずチェック

#伝達ミス　#名前間違い　#日付間違い

よく送るメールはテンプレート化しておくと便利です。コピー＆ペーストで簡単にメールを作成できます。しかし、内容はきっちりチェックしないとミスが起きます。名前を間違えたり、一部を空欄のまま送ったりする危険性があります。

実は私も最近、手痛い失敗をしたところです。流用文を少し修正して相手に送ったのですが、「日付」を変更し忘れてしまいました。

本来は月曜日にアポイントが取りたかったのに、私がお願いした日付は日曜日になっていたのです。その会社は土日が定休日になっていましたから、アポイントなど取れるはずがありません。

いつもレスポンスの早い人なのでおかしいなと感じて、電話で確認すると、「日曜日まで働かせないでくれよ」とやんわりいわれてようやく気づいたというわけです。

∷ 最低でも「名前」と「日付」をチェック

過去のメールやテンプレートを流用するときは、どんなに急いでいたとしても、**「名前」と「日付」だけはチェックする**ようにしましょう。この二つを変更せずにそのまま使えることはほとんどありません。書き換えずに送信した場合、「名前間違い」か「日付間違い」をしてしまっている可能性が非常に高いのです。

流用することで、時間はかなり節約できているのですから、メールを送る前に一度ざっとチェックするくらいの時間は取るようにしましょう。

重要な録音・録画は「二重」で行なう

#データ消滅

リハーサルを入念に行なっても、本番では何が起きるかわかりません。本番中に予想外のトラブルが起きて失敗してしまうことも少なくありません。

たとえば、私は投資研究会を主宰しています。そして、研究会後5日以内に講義資料と速記録のデータをメンバーに配布しています。

いちばん重要なことは、当日のゲストの講義をきちんと録音することです。速記録を作成するのですから当然です。

ところが一度だけ、講義が途中までしか録音されていなかったことがありました。長年同じレコーダーを使っていましたが、はじめてのトラブルでした。

原因は容量不足。いつもは講義直前にレコーダーの容量をチェックしていたのですが、そのときは研究会の準備や原稿の〆切などが重なり、確認する暇がありませんでした。そして、ゲストの講義中に容量がいっぱいになってしまったというわけです。

▶「二重録音」「二重録画」を徹底する

さて、私の失敗はどこにあったのでしょう？ もちろん、レコーダーの容量を確認しなかったこともミスの一つです。しかしもっとも大きな失敗は、ミスを防ぐ手立てを何も講じていなかったことです。

レコーダーの録音に失敗したときに備えて、スマートフォンでも録音しておくべきだったのです。それからというもの、**重要な場面では、「二重録音」「二重録画」を徹底**しています。

5

タスク
処理

やるべきこと、
やらざるべきこと

ToDoリスト①「優先順位」を決める

#時間配分ミス　#段取りミス　#やり忘れ

あなたが出勤して最初にすることは何でしょうか？

その日の仕事を効率的に行なうために、**まず「ToDo リスト」をつくることから始めましょう。**

今日すべき仕事は何か？　いちばん重要な仕事は何か？　いま抱えている仕事にそれぞれ優先順位をつけながら、「ToDo リスト」を作成していきます。優先度の高い仕事から順に並べていけば、取りかかるべき仕事が一目でわかります。

1日は誰でも 24 時間です。残業対策が進んだいま、勤務時間は 8 時間でしょう。8 時間という制限時間の中では、どうでもいい仕事に取り組む余裕などありません。優先順位を無視した仕事はさまざまなミスの原因になります。

優先順位を間違えない

ToDo リストは優先順位を認識するためにあるといっても過言ではありません。**仕事中いつでも確認できる場所にリストを置くようにしましょう。**私はデスク横の小さなホワイトボードに貼りつけています。こうすれば嫌でも目に入りますから。

あなたが上司なら、部下に ToDo リストを提出させて、仕事内容や進捗度合いをチェックしておく必要があります。

ToDo リストに従って仕事をしていれば、時間内に処理できるかどうかは別にして、「やり忘れ」だけはなくなるはずです。「電話するのを忘れた」「依頼するのを忘れた」といったミスはなくなります。

ToDoリスト②臨機応変に「入れ替え」を行なう

#時間配分ミス　#段取りミス　#やり忘れ

　ToDoリストは、手帳派やふせん派、アプリ・ソフト派などに分かれると思います。

　基本的には自分に合ったものを選べばいいと思いますが、私はふせんを使うことをおすすめします。

　なぜなら、**ふせんは状況の変化にも臨機応変に対応できるから**です。

　仕事の優先順位というものは刻一刻と変化していきます。朝一番ではＡという仕事がもっとも優先順位が高かったのに、午後になったらほかの仕事を真っ先に処理しなければならなくなるなんてことは少なくありません。

　そんなときふせんのToDoリストであれば、簡単に入れ替えることができます。

1. ふせんに「今日すべき仕事」を一つずつ書き込む
2. 優先順位の高いものから順に並べる
3. 目に入る場所に貼りつける
4. 臨機応変に入れ替える

　このように、優先順位の高いものから淡々とこなしていけば、時間配分や段取りを間違えることはありません。

　重要な仕事にできる限り時間をかけ、そうでもない仕事は最低限の時間で片づける。ToDoリストを使えば、自然とそうした仕事の進め方が身についていきます。

仕事は「重要度」「緊急度」で分類する

　ほとんどのビジネスパーソンが一度は直面する、「緊急の仕事」を優先すべきか、それとも「重要な仕事」を優先すべきかという問題があります。

　緊急と重要、どちらも無視できない要素です。そこで、この二つの軸で「マトリクス」をつくり、いま取り組むべき仕事を明確にしましょう。

　右ページの図版が、「緊急度と重要度のマトリクス」です。

　仕事①は「クレーム処理」などです。お客さんは怒り心頭。すぐに謝罪に行かなければなりません。企業の姿勢を問う大問題ですから緊急度も高いし重要度も高い。

　仕事②は「売上報告」などです。欠かすことができない重要な仕事ですが、報告するのは次の日でも問題ありません。つまり、緊急度は低く重要度は高い。

　仕事③は「経費精算」などです。期限日までに必ず行なわなければいけない緊急度の高い仕事ですが、会社に利益をもたらす仕事ではないため重要度は高くありません。

　仕事④は「チーム内の飲み会」などです。コミュニケーションは大切ですが、急ぎで行なう必要はありませんし、必ずやらなければいけない理由もありません。これは緊急度も重要度も低い。

❖ 優先すべきは「緊急度」か「重要度」か

　最優先すべき仕事と優先しなくてもいい仕事はわかると思います。問題は仕事②と仕事③のどちらを優先するかということ

になります。答えは仕事②、つまり「緊急度は低く重要度は高い仕事」です。

　最終的にあなたの**成果や評価に直結してくるのは、重要度の高い仕事**です。そういった仕事にできる限り時間とエネルギーを注ぐべきなのです。

　仕事③のような「緊急度は高く重要度は低い仕事」は、重要な仕事を終わらせた残りの時間でスピーディーに処理するようにしましょう。

　仕事の優先順位を間違えると、重要な仕事のやり残し、やり忘れが発生します。テックニック66で紹介したToDoリストなども活用しながら、重要度の高い仕事から取りかかる習慣をつけましょう。

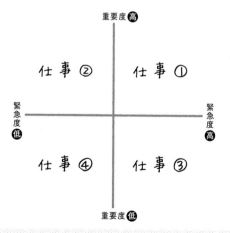

優先順位は「三つの視点」で判断する

#時間配分ミス　#段取りミス

「緊急の仕事です。ほかの仕事は中断してこちらに取りかかってください」

仕事の現場ではこのような切羽詰まった依頼がたくさん飛び込んできます。しかし、「緊急の仕事」だからといって、すべての仕事をストップさせて、そちらに集中しなければならないものなのでしょうか。

答えは NO です。テクニック 68 でも述べたように、緊急の仕事よりは重要な仕事を優先すべきです。

上司やクライアントなどから急な仕事を振られたときは、いますぐ取りかかるべきかを自分自身で判断しましょう。

判断材料は以下の三つです。

1. **時間はどれくらいかかるのか**
2. **労力はどれくらいかかるのか**
3. **リターンはどれだけあるのか**

時間がかなりかかる。一度始めたらかかりきりになる。そのような仕事には、おいそれと取り組むことはできません。また、労力も必要で、結果としてリターンが少ない。そういった仕事には振り回されるだけです。

「緊急です」「こちらを先に！」というのは相手の都合です。他人のいうがままに動く必要はありません。あくまでも**自分の優先順位に従って判断する**のです。

2割の重要な仕事に注力する

#時間配分ミス

　仕事でミスが起きやすいのはたくさんの仕事を抱えていると きです。キャパシティを超えてしまい、結局すべての仕事が中 途半端になってしまいます。

　あれもこれも完璧にこなすことはできませんし、すべきでは ありません。では、どうするかというと、**重要な2割に注力す る**という方法があります。

　たとえば、Webサイトは2割のページにアクセスが集中しま す。出版界では、2割のベストセラーが全体の売上を支えてい ます。

　また、スマートフォンにはたくさんの機能がありますが、 ユーザーは全体の2割しか使っていません。

▷ 成果につながる仕事を重視する

　仕事でもこの法則を生かしましょう。重要な2割の仕事に時 間と労力を注ぎ込むのです。

　たとえば、営業の仕事なら、上位2割のお客さんに対してで きる限りの時間と予算を使う。こうすれば、すべてのお客さん に均等に接するよりも大きな成果が出ます。

　すべての仕事に全力を注ぎ込む必要はありません。 どの仕事 にも真面目に取り組むのはすばらしいことですが、自分の力に は限りがあります。

うまくメリハリをつけて仕事の取捨選択をすることで、大きな 成果を出すことができるのです。

「作業状態」で分類する

#〆切遅れ　#段取りミス　#やり忘れ

　仕事の資料を案件ごとにまとめている人は多いと思いますが、一歩進んで「作業状態」でも分類してみましょう。

「未処理」「着手中」「決裁待ち」「完了」のように、**仕事の進捗度を3～5段階くらいに分類し、それぞれの置き場所を決めます。**手元にある資料をその分類にしたがって保管しておけば、進捗状況を「見える化」することができます。

　この分類には二つのメリットがあります。

　一つは、仕事の進捗状況を一目で確認できること。久しぶりに取りかかる仕事は、「どこまで進行していたのか」がわからなくなることがあります。

　しかし、事前に分類しておけば、どの場所に置いてあるかを見るだけですぐに状況を把握できます。

　もう一つは、仕事の優先度がわかりやすくなることです。ある仕事が片づき、次の仕事に取りかかろうとするとき、どの仕事を始めるべきか迷ってしまうことがあります。そんなとき、この分類を見れば、「1週間後が〆切なのに、まだ『未処理』ではまずい。この仕事から始めよう」というように、優先度の高い仕事から着手できるようになります。基本的には、**未着手かつ〆切の近いものが優先度の高い仕事**です。

エメットの法則：「完璧に対する こだわり」を捨てる

#〆切遅れ　#段取りミス

「今度にしよう」「時間ができたらやろう」「もっと準備してからやろう」……。こんな理由をつけて、ついつい仕事を後回しにしてしまうことはありませんか？

　面倒なこと、大変なことは先送りにしたいと考えるのが人間です。しかし、仕事を先延ばしにすることは、かなりのエネルギーと時間を消費するのです。

　著述家のリタ・エメットが提唱した「エメットの法則」というものがあります。第1法則は「仕事の先延ばしはさっさとやってしまうより倍の時間とエネルギーがいる」というもの。第2法則は「『まだ準備ができていない』とこだわっている完璧主義者は何事もさっさと取りかかることができない」というものです。

　つまり、**完璧主義の人は何かと理由をつけて仕事を先延ばしし、さっさと片づける人よりも倍の時間とエネルギーを消費している**のです。これでは仕事の生産性など上がるはずがありません。〆切に間に合わない可能性も高くなります。

▶「完璧」なんて夢物語

「完璧に対するこだわり」を捨てましょう。これまでの人生を振り返ってもらいたいのですが、完璧だと思えたことがいままでに一度でもあったでしょうか。どんなに準備をして取り組んだことでも、必ず満足できないところがあったはずです。**人間がやる以上、完璧な仕上がりということはありえません**。仕事を効率的に進めるためには、「100%を諦める勇気」も必要なのです。

仕事は「同じ種類のもの」を まとめて片づける

　私は営業マンをしていたとき、毎週月曜日はセールスに出ないと決めていました。

　では、何をやっていたかというと、新規のお客さんを開拓するため、「アポ取り」に励んでいたのです。そんなことは空き時間にできるじゃないかと思いがちですが、セールスにとっていちばん大切なのはアポ取りです。セールスの成果の8割はアポ取りで決まるといってもいいでしょう。成果を左右するほどの重要な仕事を「セールスのついで」でやってはいけません。

　1日中、お客さんのリストを眺め、分析し、電話をかけ続け、アポが取れたと同時に、確認の意味を込めてお礼のハガキを出す。これが私のスタイルでしたから、デスクにいなければできない仕事でした。

　1週間のうち1日を内勤にあてた結果、1週間丸々セールスに出ている営業マンたちとは比較にならない成果をあげることができたのです。

▶ 同じ仕事はまとめて片づける

　仕事のスタイルとしても、異なる種類の仕事をばらばらにやっていたら、効率が悪くなります。たしかに目先が変わりますから、飽きないかもしれません。しかし、仕事の効率＝生産性は格段に落ちてしまいます。

　自転車は同じギアで走っているときにはほとんど故障しません。故障が発生するのはギアを変えた瞬間です。同様に、仕事をいちいち変えると、うまく頭を切り替えられず集中力が落ち

ます。その結果、ミスをしやすくなってしまいます。

　たとえば、1日に何度もメールチェックをして、その都度メールの返信をしていないでしょうか。メールを確認するたびに、一度やっていた仕事が中断されるので、集中が途切れてしまいます。

　本当に急ぎの連絡はメールだけではなく、電話もかかってくるでしょうから、そんなに何回もチェックする必要はありません。テクニック59でも述べたように、チェックする時間を決めてまとめて返すほうが効率的です。

　メールの返信ならメールの返信でまとめる、アポ取りならアポ取りでまとめる。報告書、企画書作成など書類仕事もまとめてしまいましょう。**同じ仕事を一気に片づけていると、どんどん集中力が高まっていく**のを感じると思います。

　ミスを起こしてしまうのは、次々と仕事の種類を変えているからです。まとめてしまえば、ミスは激減します。

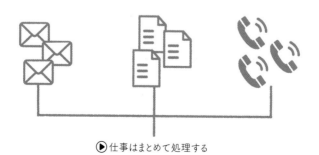

▶ 仕事はまとめて処理する

難しい仕事は「朝一番」に片づける

NTTデータ経営研究所が行なった「仕事の生産性とワークスタイル」に関する調査によると、1日の中で効率性や集中力が高まる時間帯は「午前中（〜11時台）」という回答が多かったそうです。

集中力が高まるこの時間は、脳をフルに使う仕事をしましょう。つまり、1日でいちばん難易度の高い仕事に取り組むのです。

トラブル解決、企画書作成のためのアイデア出し、大きな受注が期待できるお客さんへのプレゼンテーションなど、難しいけれど、大きな成果が期待できる仕事に取り組みます。いちばん集中力が高いときに取り組むことで、うまくいく確率が高まります。

時間が経つにつれて脳はどんどん疲れていきます。昼に休憩をとっても、朝ほど集中力が高まることはありません。

仕事は朝から正午までの間が勝負なのです。 午後は集中力が落ちるだけでなく、精神的にもネガティブになりやすいため、タフな仕事には適しません。

╏ チーム全体に浸透させる

自分だけではなくて、チーム全体に「難しい仕事は朝いちばんに片づける」という意識を浸透させましょう。そうすれば、各自が目の前の仕事に取り組むので、お互い邪魔することなく集中力を発揮できるようになります。

一度に行なう仕事は一つだけ

#時間配分ミス　#段取りミス

　どういうときにミスが起きるのでしょうか？　緊急の仕事がいくつも重なり、同時に処理しなければならなくなったときです。

　緊急時ならば仕方がないですが、「**マルチタスク」はミスの元**なのでなるべく避けましょう。スタンフォード大学で行なわれた研究では、マルチタスク傾向の強い人はシングルタスク傾向の強い人と比較して、情報の取捨選択やタスクの切り替えが下手だという結果が出ています。つまり、マルチタスクを行なっている人は同時に処理できていると思い込んでいるだけなのです。実際には生産性は低くなっています。

　マルチタスクが習慣づいてしまっている人は、仕事の進め方を見直し、「一度に行なう仕事は一つ」を徹底しましょう。

　具体的には、**デスクの上に一つの仕事の資料しか置かないようにする**のです。いくらシングルタスクを心がけていても、デスクの上にほかの仕事の資料が置いてあると、気になってしまいます。無意識のうちにその資料に手を伸ばし、マルチタスクを再開してしまうかもしれません。そうならないように、目の見えるところには取り組むべき仕事の資料だけを置いておくようにするのです。

❯ 質もスピードも「シングルタスク」が上

　マルチタスクで一気に仕事を片づける姿にあこがれる気持ちはわかりますが、そういう人は頭の中が混乱状態に陥っています。**一つひとつの仕事に丁寧に向き合うほうが、結果的に仕事のスピードも質も上がる**のです。

苦手な仕事は「人に任せる」

いつもたくさん仕事を抱えていて、残業が続いているという人は、仕事を任せることを苦手としている傾向があります。自分でやらないと気が済まず、やればできてしまうので仕事に忙殺されるのです。

仕事ができるというのも大切ですが、仕事をさせるというのもまた重要です。自分1人が完璧にこなしても100％止まりですが、2人、3人にうまく仕事を振ることができれば、200％、300％の結果を出すこともできます。**長い目で見ると、「任せられる人」がリーダーになっていくのです。**

チーム力を生かせるかどうか、チームとしての潜在能力を引っ張り出せるかどうかが重要なのです。

⦂「優秀な部下」にいかに任せるか

リーダーにもっとも要求される仕事は、自分より優秀な部下をつくることにあります。自分よりできない部下ばかりなら、その地位は安泰でしょうが、チームとしての成長も進化もありません。そんなチームは先細り必至でしょう。

ですから、リーダーは「苦手な仕事が多いな……」と嘆く必要はありません。下手に苦手な仕事に取り組んだらミスを起こします。上司がすべき仕事はチーム全体を回して成果をあげることなのです。つまり、苦手な仕事は誰か得意な部下にやってもらえばいいのです。

部下のほうも、「この仕事は私のほうが得意だから○○課長には任せられませんよ」と自負しているはずです。ここで部下

と競争するのが「仕事ができるだけの人」です。人を動かし育てることのできる上司は部下と競争などしません。

「君のほうがずっとうまくやれるから頼むよ」

「もうできたのか。さすがだね」

「いつも助けてくれてありがとう」

　人望というのはこういうリーダーに集まってくるのです。「上司はどんな仕事も部下よりできなくてはならない」というのは間違った考えです。「任せられる上司」こそ一流なのです。

　もし、あなたが部下を束ねる立場ではなかったとしても、誰かに仕事を任せることは大切です。

　しかし、上司と部下の関係ではないため、ただ仕事を振るだけでは不信感を持たれかねないでしょう。

　そこで、**自分の苦手な仕事をやってもらう代わりに、相手の苦手な仕事を引き受けるようにします。**

　こうすればお互いに苦手な仕事から解放され、生産性が高まります。気軽に仕事を任せられる環境は、チーム全体の効率を底上げしていくのです。

▼自分の苦手な仕事を「任せる」

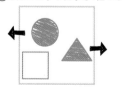

▼相手の苦手な仕事を「引き受ける」

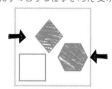

〆切の「1日前」に終わらせる

「そろそろやらなくちゃ」と思いつつもなかなか手をつける気にならない。そうこうしている間に〆切が近づいてきて、「もっと早く始めればよかった」と後悔しきり。

他人事ではありません。私もたくさん経験があります。始めればあっという間に終わるのです。しかし、始めない。どんどん〆切が迫ってきます。気づくと、もう直前というわけです。

仕事を〆切前に余裕を持って完了させておくと最後の最後に「見直しの時間」がつくれます。 これが大きいのです。多くの人は確認の時間を取らずに〆切ギリギリで仕事を終わらせます。ですから、見直しをしておけば、周りと大きな差をつけることができるのです。何日も前に終わらせる必要はありませんが、少なくとも期限の前日までには完了させるようにするといいでしょう。

仕事にはアクシデントがつきものです。しかし、そのトラブルも考慮に入れてスケジューリングしていきます。どこかで時間を消費すればどこかでカバーする。凹凸があるけれども、最後は見直し時間を残してゴールというわけです。

❖「急な変更」にも対応できる

また、1日前に終わらせて、すぐに上司にチェックしてもらえば、修正を指示されてもギリギリ対応することができます。〆切当日では、何か変更を命じられても対応できず、〆切に遅れてしまうかもしれません。

すべての仕事にはゴールがあります。ゴールに向かって日々

たくさんの仕事が動いているわけです。

「仕事は間に合わないこともある」のではなく、「絶対に間に合わせるもの」なのです。見積もりはあくまで見積もりで実際とは違うということはありえません。見積もり通りに進める約束で契約しているのですから。

「ラストスパートをかけるから安心して！」という人がいますが、これほど心配な人はいません。つまり、徹夜もいとわない。そういう人は必ず寝不足でミスを引き起こします。〆切当日になって、「すみません。できませんでした」といわれても困るのです。「できないのなら早くいってよ」といいたくなりますが、もうどうしようもありません。

▷「〆切厳守」は基本中の基本

「あとどのくらいあればできるの？」「1週間あればなんとか……」

　1週間待っても結果は同じです。〆切を守れない人は仕事の基本がわかっていません。

　〆切は努力目標ではありません。**〆切はコミットメント、つまり厳守すべき約束**なのです。

　〆切は絶対厳守するという意識を持って、何か不測の事態があっても間に合わせられるよう、〆切の「1日前」に終わらせることを徹底しましょう。

はじめての仕事は「5分だけ」取り組んでみる

#時間配分ミス　#〆切遅れ

　仕事の段取りを決めることは大切ですが、それに時間を割きすぎても仕方ありません。段取りが決まったら即、始めましょう。いつまでもぐずぐずしないこと。貴重な作業時間がなくなるだけです。

　もっと準備したい、もっと情報を集めたいと思う気持ちはわかりますが、テクニック72でも述べたように、完璧な準備というものはありえません。

「よし、やろう」という踏ん切りが大切なのです。

　なかなか最初の一歩が踏み出せない人は、まずは小さく始めてみましょう。「5分だけ手をつけてみよう」という軽い気持ちでスタートを切ればいいのです。

　完璧主義の人は準備と用意にばかり気を取られて、「仕事の本質」を見失いがちなのです。

「仕事の本質」とは何か？　それはゴールに達することです。いかに美しいスタートを切ろうとしたところで、実際に一歩踏み出さなければ、ゴールには永遠にたどり着けません。

∵「6割の準備」で始める

　スタートを切ってからでも準備はいくらでもできます。というか、実際に始めてみなければ、本当に必要なものが何かわからないものです。だから、準備が途中でもさっさとスタートしてしまうことが大切なのです。ある一流経営者はよくいっていました。「6割準備できたら始めよう。あとの4割はやりながら考えよう」と。完璧主義の人は覚えておいて損はない言葉です。

仕事の「量」と「負荷」を
平準化する

#健康管理のミス　#段取りミス

　できる人に仕事は集中します。できる人は仕事が速い。早く処理してもらいたいから、依頼が殺到するのです。

　仕事ができない人の場合、「あの人にやらせたら納期は遅れるし、ミスは多いし、逆に手間が増えるかもしれないから任せるのはやめよう」となります。

　ただし、どんなにできる人であっても、ロボットではありませんから休憩も必要です。忙しいからと休みなしで働き続けていると、仕事の質がどんどん落ちていくのです。結果、あれほど高かった生産性も落ちてしまいます。

　こうならないように、**仕事の量をコントロールする**必要があります。自分が無理するのは嫌がっても、他人にはいくらでも強要するのが人間です。そんな人に潰されては困りますよね。

　そこで、右のような方法で仕事量をほかの人たちと同じように均していきます。**週末、月末、期末、年末など特定の時期が忙しくなるという凹凸もなるべく平準化させましょう。**

　どんなにできる人でも疲れには勝てません。心身ともにクタクタになっているとき、気づかないうちにミスを犯してしまうのです。

1. スタッフを増やす
2. アウトソーシングする
3. ほかの人に任せる
4. 納期に余裕を持たせる
5. メインの仕事以外は受けない
6. 残業はしない

6 資料作成

「書類」を見れば、
「能力」がわかる

「書き換え部分」を赤字にしておく

#誤字・脱字　#名前間違い　#日付間違い

　仕事が速い人は、何度も同じ種類の書類を作成しなくても済むように、テンプレートを用意しています。一部を書き換えるだけで書類が完成しますから、手間がかなり省けます。

　しかし、注意しなくてはならないのは、「書き換え忘れ」です。**名前や日付、金額など書き換えるべきところを見逃したまま、書類をつくってしまうのです。**

　仕事を効率化するためのテンプレートが原因でミスをしては本末転倒です。つくり直しになれば、余計な労力と時間がかかりますし、間違いに気づかないまま提出してしまうと、信用を失います。

▶「書き換え部分」を目立たせる

　書き換え忘れを防ぐちょっとした仕組みがあります。それは、**テンプレートの書き換え部分を赤字にしておくこと。**変更すべき箇所を赤字にすることで、一目で書き換え部分がわかるようになります。赤字の部分を上から順に変更していけば、間違いのない書類をつくることができます。

　書類を作成し終えたら、テキスト部分を全選択して黒字に変更するか、モノクロ指定をして印刷します。このとき、文字の色を変更しないままカラー印刷をしてしまうと、赤字の入った書類になってしまうので注意しましょう。

　仕事を速くするには、手間を減らす仕組みと同時に、ミスをなくす仕組みも導入すべきなのです。

「1カ所」変更したら、「全体」を見直す

#計算ミス　#誤字・脱字　#名前間違い　#日付間違い

　よくあるミスに「変更のし忘れ」というものがあります。「鈴木様」宛の文書なのに、途中で「佐藤様」という名前が入っていたり、資料の1ページ目と2ページ目で違う日付が記入されていたり、一部の内容を変更し忘れてしまうミスです。

　これがいちばん起きやすいのが、書類のどこか1カ所を変更したときです。

　たとえば、請求書の金額が一部間違っていたことに気づき、その部分を修正したとします。それに伴い、合計金額も変わっているはずですが、そこを変更し忘れてしまうのです。

　これは、**「一部の変更が全体に波及する」**ということを意識できていないのが原因です。一つのミスを見つけたことに満足して、新たな間違いが生まれたことに気づいていないのです。

❯ 不安なら「複数の目」でチェックを

　書類のどこか1カ所を変更したら、全体を見直して、**同時に変えるべきところはないか確認する習慣をつけましょう**。特に金額や個数などはほかのさまざまな数字に影響を与えるので、より慎重に見直す必要があります。

　どうしても不安なときは、誰かに頼んで「複数の目」によるチェックをすることで、変更し忘れているところはないか確認しておきましょう。

「辞書登録」を活用する

#誤字・脱字　#名前間違い

　いまはとにかくスピードが求められる時代です。書類作成もじっくり時間をかけていられません。

　速く書類をつくるために、よく使うフレーズを「**辞書登録**」しておきましょう。たとえば、「いつもお世話になっております。」という文章の読みを「い」で登録しておけば、「い」と打つだけで「いつもお世話になっております。」が予測変換で出てくるようになります。

　以下のフレーズは実際に私が登録している文章です。

・前略　お許しくださいませ。
・今後も変わらぬご指導の程、よろしくお願いいたします。
　草々
・謹啓　時下ますますご清栄のこととお慶び申し上げます。
・末筆ながら、貴社の今後益々のご発展とみなさまのご健勝を
　心よりお祈り申し上げます。　謹白

　辞書登録は時間を短縮できるだけでなく、誤字・脱字を防ぐこともできます。とくに名前間違いを防ぐには便利です。取引先の社名、担当者名を片っ端から登録しておけば、間違えようがありません。また、「〇〇様のご活躍を祈念いたします」という表現ではなく、「今後より一層のご活躍を祈念いたします」のように、**名前を外した表現で登録する**のもポイントです。どんな相手に対しても使える表現にすることで、余計なチェックをしなくて済みます。

「校正機能」で 間違いのない文章に

#確認漏れ　#誤字・脱字

　ビジネス文書では誤字・脱字やわかりにくい表現は避けなければいけません。とくに、専門用語は読み手に伝わらないこともあるので、私はほとんど使いません。

　誤字・脱字や用語の間違い、表現の誤りなどはどんなに注意してもついやってしまいます。そこで、念には念を入れて、文書作成ソフトの校正機能を活用するといいと思います。**Wordには、かなり強力な校正機能がついているので、うまく利用すれば間違いのない文章をつくることができます。**

　Wordの校正機能を使うと、「この表現はおかしい」という候補をピックアップしてくれます。そして画面に理由が表示されます。もし問題ないと判断すれば、「無視」をクリックして次の候補へと移動します。こうして次々にチェックしましょう。

　誤字・脱字や表現に関するミスの修正が終わると、最後に「表記のゆれ」が表示されます。漢字の送り仮名の違い、漢字の使用／不使用、数字やアルファベットの全角／半角などの不統一がピックアップされます。

　何度も読み返して間違いを探すよりも、こうした機能を利用したほうがミスを見つけやすくなります。

「Word」の校正機能

スマートフォンで
「長い文章」は書かない

#誤字・脱字

私はブログや Facebook の記事をすべて PC で書いています。数行程度の短い文章でしたらスマートフォンでもいいかもしれませんが、**500字を超える文章を書く場合は、なるべく PC で入力する**ことをおすすめします。

スマートフォンはいつでもどこでも使えるので便利ですが、画面が小さいという欠点があります。文章を書く場合には、この欠点がミスの元となってしまうのです。

画面が小さいと、文字の判別がしにくくなります。「人口」と「入口」や「解説」と「解脱」など、PC では見分けられる文字も、スマートフォンでは見分けられないことがあります。その結果、誤字が増えてしまうのです。「斎藤」や「齋藤」など、名前の表記を間違えるのも、PC よりスマートフォンのほうが多いと思います。

また、スマートフォンは PC に比べて一度に表示される文章が少なく、前の文を読み返しながら書き進めていくことができません。そのため、前文とのつながりが悪くなったり、同じような表現が続いたりしてしまいます。

▷「ビジネス文書」はなるべくPCで

SNS などで家族や友人と気軽にやり取りする場合には、スマートフォンが圧倒的に便利でしょう。

しかし、ビジネスの場では、多少不便であっても、PC で書くようにしたほうがミスの少ない文章をつくることができます。

文書は「PDF形式」で送付

#誤字・脱字　#伝達ミス

データ上で文書をやり取りする際によく困るのは、「文字化け」や「レイアウト崩れ」です。

自分の画面では問題なく表示されているのに、相手が開いたときには文字が一部表示されなかったり、レイアウトが変わっていたりするのです。これは作成者と閲覧者の PC 上の環境が異なることで起こります。

そうした問題が起こらないように、**文書は PDF 形式で送るようにしましょう**。PDF とは、データを紙に印刷したときの状態をそのまま保存できるファイル形式のことです。

メリットは文字とレイアウト情報を保持できる点です。つまり、文字化けやレイアウト崩れが起きません。

また、PDF は Mac や Windows、Linux、Solaris などの OS 環境の違いに関係なく閲覧できます。作成者と閲覧者の作業環境を統一しなくても使えるのです。

⋗ PDFは「紙の書類に近い」データ形式

いうなれば、PDF は紙の書類により近いデータ形式です。紙はどんな人が見ても同じように見えますが、**PDF も機種やソフトに依存せず閲覧することができる**のです。

はじめての相手に文書を送るときは、PDF 形式で送るようにすると、トラブルが起きにくくなります。

送付前に
「バックアップ」を取る

#紛失

赤字を入れた修正原稿を編集者が紛失するという衝撃の事件を、いままで1回だけ経験しています。

もう一度赤字を入れ直せといわれても、すべてを覚えているわけではありませんから、同じものはできません。それでも、やらざるを得ません。私以外にできる人はいませんから。

こんなことがあっても大丈夫なように、コピーを取っておけばよかった。そう後悔しながら、徹夜で再度赤字を入れたことをいまでも鮮明に覚えています。

データ上のやり取りは、タイムラグがありませんし、送付したものも手元に残りますから、紛失することはありません。

しかし、郵送や宅配便の場合はさまざまなトラブルが考えられます。配達が遅れる。ほかの人のところに届く。郵送中に中身が汚れる……。人の手で運んでいる以上、何が起こるかわからないのです。

大事な書類を郵送するときは、必ずデータやコピーなど「バックアップ」を取るようにしましょう。

‣ 常に自分の手元に残す

送付中の紛失や破損に対して賠償してもらえる場合もありますが、ビジネス文書の中には、お金に換えられないものもたくさんあります。「**常に自分の手元に残しておく**」というのは、紛失を防ぐ効果的な方法なのです。

すばやく検算できる「末尾計算」

#確認漏れ　#計算ミス

　見積書や経費精算書をつくるうえで頻出するのが数字に関するミスです。とくに、計算ミスには気をつけなければなりません。電卓や表計算ソフトを使って計算しても、数字の打ち間違いなどによって、正しく計算できていないことがあります。きちんと検算を行なっておきたいところですが、自分の手で一から計算し直すのは手間がかかります。

　そこでおすすめしたいのが、**「末尾計算」によるチェック**です。これは、末尾の数字のみを計算し、出てきた答えの下1桁と、最初に出した計算結果の下1桁が一致しているかどうかを確かめる方法です。

　たとえば、「123×456×789＝44197344」という計算結果が出たとしましょう。末尾の数字のみを計算すると、「3×6×9＝162」ですから、この式の答えは末尾が「2」になることがわかります。

　しかし、最初の計算結果は末尾が「4」ですから、どこかで計算間違いをしていることがわかります。

　このように、**末尾計算は簡単に検算できる方法**なのです。右の図のように、かけ算だけではなく、足し算でも使うことができます。

　ただし、計算結果が間違っているのに、末尾の数字が偶然一致することもありえますから、絶対に間違いが許されない書類をつくるときには、しっかり計算し直すようにしましょう。

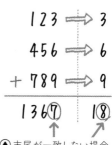

▲末尾が一致しない場合、計算が間違っている

挨拶は
「いつでも使える表現」を使用

#誤字・脱字

日本には四季があります。さらに細かく二十四節に分かれます。春は春でも「陽春の候」「桜花の候」「温暖の候」「春和の候」というように微妙な変化があります。それを使い分けて趣あるコミュニケーションをしてきました。

そのほかにも「朝晩すっかり肌寒くなりました」「長袖でも過ごしやすくなりました」という挨拶もありますし、天候や季節の移り変わりを伝えるだけでなく、「お元気そうで何よりです」「お変わりありませんか」というように、相手の健康を気づかう表現もあります。

▷ 「時下」で統一すれば迷わない

「いまの季節は『新緑の候』でいいのだろうか」などと適当な挨拶がわからなくて困ることがあります。おぼろげな記憶を頼りにして間違ってしまうと、相手に常識知らずだと思われる可能性があります。

そこでおすすめしたいのは「○○の候」という表現はやめて、**「時下ますますご清栄のこととお慶び申し上げます。」で統一す**ることです。

テクニック82で紹介した「辞書登録」を活用して、この表現を登録してしまいましょう。

365日いつでも使える表現にすれば、いちいち時候を調べることなく、手早く書類をつくることができます。

見積書には
「有効期限日」を明記する

#伝達ミス

あなたが見積書を作成する仕事をしているなら、ミスを防ぐために、今度から実行すべきことがあります。それは「**見積有効期限日**」を入れることです。

見積有効期限日とは、「見積書そのものの有効期限」のことです。たとえば、「本見積提出後、2週間」というように明記します。

見積書に有効期限を設けるのには理由があります。繁忙期と閑散期では人件費が変わりますし、為替や物価変動でも受注環境は大きく変化します。

半年も経ってから、「あの見積書で契約します」と回答されても環境は大きく変化しています。新たに原価計算して最新の見積書を提出する必要があります。ですから、必ず有効期限日を明記するのです。

❖ ミスを予測し、「事前に」手を打つ

半年も前の見積書をもとに回答してくるなんてありえないだろうと思い込んでいると痛い目を見ます。ビジネスの相手がみな善人とは限りませんし、海外との取引では商慣習が日本とまったく違うこともあります。

勝手な思い込みで判断するのではなく、**起こりうるミスを予測し、事前に手を打つ**ことが肝心です。

契約書に記入する
「3種類の日付」を理解する

　経理でも、営業でも、商品開発でも、なんらかの形で契約書に関わる機会はあると思います。

　しかし、多くのビジネスパーソンは契約書についてあまり理解できていないように思います。

　とくにミスを起こしやすいのが「日付」です。実は、**契約書に記載する日付は大きく分けて「3種類」あります。**それぞれ簡単に説明します。

1. 作成日

　契約書を作成した日付のことです。

　この日付を入れておくことで、作成者が契約書をつくることができる年齢に達していたかどうかなどを示すことができます。

2. 成立日

　実際に契約が成立した日付を指します。

　この日付において、契約書に記載された内容が法的に有効になったことを示します。

3. 効力発生日

　契約内容の効力が発生する日付を意味します。

　「本契約は、令和〇年〇月〇日まで遡って適用される」というような文言を入れておくことで、契約成立日より前の時点を効力発生日とすることもできます。

　契約書に日付が一つしか記載されていなければ、ふつうは作成日＝成立日＝効力発生日を意味します。しかし、それぞれ別

の日付を記載しなければいけないときもあります。

　たとえば、「秘密保持契約書」を作成するとします。実際に当事者が押印した成立日は令和3年1月1日。しかし、その1カ月前から効力を発生させたい場合は、「本契約は、令和2年12月1日まで遡って適用される」と記載し、有効期間の始点をずらします。

　このように、成立日と効力発生日をずらすこともあるので注意しましょう。

⋗「成立日」のバックデートはリスクがある

　また、同様の例で、成立日を12月1日に遡らせるとトラブルの元になります。実際に押印したのは1月1日ですから、相手が「契約成立日にそのような契約書が成立していない」ことを理由に契約の無効を主張してくる可能性があるのです。そのような余計なトラブルを起こさないためにも、**成立日ではなく、効力発生日をずらす**ようにしましょう。

　契約書のミスは、会社に大きな損害を与えるような問題に発展してしまうこともあります。「自分は法務部ではないから知らなくてもいい」などと考えず、最低限の知識は持っておくべきです。

「捨印」は押さない

多くのビジネスパーソンは「印鑑を押す」ことに対して慎重だと思います。むやみに捺印して責任を取らなければいけなくなるリスクを理解しているからでしょう。

とくに注意すべきなのは、「捨印」です。

捨印とは、契約書や文書を作成するときに、ある程度の訂正をしてもかまわない、ということを示すために押される印鑑です。

書き損じや書き間違いをするたびに、書類作成者に訂正印を押してもらいに行くのは手間がかかります。

そこで、事前に捨印を押し、相手に訂正権限を与えておくのです。捨印の側に「一字追加」などと訂正の内容が記入されていれば、書類作成者が訂正に同意したことになります。

▷ 捨印の「リスク」を理解しておく

捨印は、お互いの手間を減らす便利なルールですが、これが悪用されることもあるので注意が必要です。

たとえば、「百万円」と記載された箇所に二重線を引いて「一億円」と訂正します。捨印の近くに「二文字削除、二文字加筆」と書けば、法的には有効文書として通ってしまうのです。

そのような**リスクがあることをしっかり理解して、信頼している相手にだけ捨印を押す**ようにしましょう。

私自身は無用なトラブルを避けるために、多少事務的な負担が増えるとしても、捨印は押さないようにしています。

「自動保存機能」を利用する

#〆切遅れ　#データ消滅

　書類作成の際にもっともよく起きるミスは、「データが保存できていなかった」というものではないでしょうか。

　前日、じっくり時間をかけて作成した書類を開こうとしたら、どこにも見当たらない。どうやらデータを保存するのを忘れてしまったらしい……。

　誰でも一度は経験したことがあると思いますが、これほどショックなことはありません。

　一度つくった書類といえど、内容を一字一句覚えているはずがありませんから、つくり直すのはかなり時間がかかります。〆切の直前でこのミスをしてしまうと、期限通りの提出は難しいでしょう。

　いうまでもないことですが、このミスを防ぐには「**データをこまめに保存する**」ことが大切です。ショートカットキー「Ctrl + S」（Windows）、「Command + S」（Mac）を使用すれば、すばやくデータを保存することができるので、書類作成中にも区切りごとにこのショートカットキーを使う癖をつけましょう。

❖「自動保存機能」を使えば安心

　また、**Word や Excel には、文書の「自動保存機能」がついています**。この機能をオンにしておけば、データを保存するのを忘れたり、PC の電源が急に落ちて保存できなかったりしたときでも、最後に自動保存されたデータを復旧させることができます。

7

情報収集

間違った判断を
しないために

情報は「複数のソース」で確認

#情報収集ミス　#判断ミス

　これだけ情報が溢れる世の中ですから、何か基準やルールを決めておかないと、間違った情報を鵜呑みにして判断ミスを犯してしまいます。

　誰もが情報入手元を持っていると思います。インターネット、テレビ、新聞、雑誌、書籍、講演……たくさんのソースがあるでしょう。それぞれ使える情報源だと思いますが、大切なのは一つのソースにこだわりすぎないことです。もし、そのソースから得た情報が間違っていたら、間違った見方で世の中を見てしまうことになります。

　こういうリスクをなくすにはどうすればいいか？　**少なくとも二つのソースを持つ**ことが必要です。できれば三つ以上あるといいと思いますが、あまり多すぎても追いかけるのが大変なので、自分の時間と相談して無理のない範囲で選びましょう。

▶ 「メディアの種類」も偏らないように

　注意してもらいたいのは、**メディアの種類に偏りがないようにすること**です。テレビばかり3局、新聞ばかり3紙……というのはおすすめできません。テレビで流しやすい内容、新聞が報じやすい内容というのがあるので、それらばかり見ていると、どうしても得られる情報が偏ってしまいます。

　気づかないうちに思考が狭まってしまうのが、いちばん怖いことです。そうならないよう、「複数のソース」による情報収集を習慣化しておきましょう。

「二次情報」のサイトは見ない

#情報収集ミス　#判断ミス

　テクニック 93 で複数のメディアに触れることの大切さについて述べましたが、触れるべきではないものもあります。それが「**二次情報サイト**」です。二次情報サイトは自らニュースを配信しておらず、別のところで配信されたものを引っ張ってくる形で閲覧者を集めています。

　こうしたサイトでは広告収入が収益の柱となっているため、煽情 的な見出しをつけたり、フェイクニュースに近い内容を流したりして、とにかく人の目を引くことを第一に考えています。サイトの運営者は「ニュースは正しさよりも過激さのほうが重要だ」と考えているのでしょう。

　問題はこうしたサイトが徐々に増えてきていることです。特定のニュースについて調べようとキーワードを打ち込むと、検索結果の上位に二次情報サイトが出てくることもあります。

　一次情報を流しているメディアしか信頼しないというルールを徹底する必要があります。正しい情報と間違った情報が入り乱れている現代では、情報を選別する仕組みが必要なのです。

≫「二次情報を流す人」にも要注意

　同様に、確かではない情報を鵜呑みにして広めようとする人にも注意が必要です。フェイクニュースの記事を SNS でシェアしたり、陰謀論のような怪しい情報を語ってきたり。そういう人から距離を置けとまではいいませんが、「**真偽が確かでない情報を流してくる人**」だと認識しておくようにしましょう。

「情報のランク付け」をする

#情報収集ミス　#判断ミス

情報に信頼できるものと信頼できないものがあるように、情報源にも信頼度の高いものと低いものがあります。信頼度の高いソースから重点的に情報を仕入れるようにすれば、判断ミスを犯すリスクを抑えることができます。

たとえば、**もっとも信頼できるのは、政府や省庁、地方公共団体が公開しているデータやレポート**などです。最近、公文書の改ざんなどが相次ぎ、信憑性が揺らいでいますが、それでもまだほかの情報源に比べれば信頼できるでしょう。

次に信頼できるのは、新聞です。新聞社には校閲記者がいて、発信する情報の裏取りをしっかり行なっていますから、基本的には信頼度の高い情報だといえます。ただし新聞社によって、思想的な特徴があり、同じ事件を報じていても論調にかなり違いが見られるので、それは常に意識しなくてはなりません。

これらに続くのは、テレビ、ラジオです。テレビやラジオもある程度裏付けのある情報を流してはいますが、番組の内容によってかなり信憑性が変わってくるので、全面的に信頼することはできません。

ほかの情報源としては、雑誌、Webメディア、SNSなどがあると思いますが、こういったところから得た情報を仕事に活用するときはかなり慎重になったほうがいいでしょう。

上記以外に情報源を持っている人は、それが**「どれくらい信頼できるのか」を、ほかのメディアとも比べながら考えておく**ようにしましょう。

「噂話」には付き合わない

#情報収集ミス　#判断ミス

「噂話に花が咲く」といいます。花が咲くほど盛り上がる。言い得て妙だと思います。

職場でも、噂の好きな人もいれば、まったく関心を示さない人や嫌悪感を示す人もいます。

噂好きはワイドショー好きの視聴者と同じです。単に人の話の受け売りをしているだけです。誰かから話を仕入れては別の誰かにリレーする。真偽を確かめず、あれこれいいふらすのですから迷惑極まりません。

気にくわない人やライバルを蹴落としたいからと、噂話を収集している人もいます。そしてその噂話でネガティブキャンペーンを張って、評判を落とそうとしてくるのです。

そんな人間がいっている**噂話を信じてはいけません**。一緒になって広めるなんてもってのほかです。次のターゲットがあなたになる可能性もあるのです。「○○さんのいっていることは話半分で聞こう」という空気をつくっておかなくてはなりません。

▷「噂」は百害あって一利なし

ネガティブな噂は社内の空気を悪くしますし、それが正しくなかった場合、「判断ミス」につながってしまいます。優秀な人材をくだらない噂で失ってしまわぬよう、**噂好きとは一定の距離を保つ**ようにしましょう。

本や資料は1ページ目から読まない

#時間配分ミス　#情報収集ミス

　単語帳を使って英語を勉強しようというとき、多くの人は1ページ目から読もうとします。私は、これが不思議でなりませんでした。

　「A」から始まる単語がいちばんよく使われるとは限りません。なのに、どうしてAから勉強するのでしょうか。単語帳の順番に関係なく頻出度順に覚えるべきではないでしょうか。

　これは勉強に限った話ではありません。投資家のバイブルともいうべき『会社四季報』(東洋経済新報社)にしても、1ページ目から読む人が多いのです。ところが、1冊丸々読破している人はほとんどいません。

　その結果、どうなるかというと、銘柄コードナンバーの筆頭である会社についてだけ詳しくなるのです。笑い話としかいいようがありませんが、これは事実です。

　どうせ見るなら、日銀投資ETFのベスト5銘柄とか、日経225の構成率ベスト10銘柄とか、より重要度の高い企業の情報を確認すべきでしょう。

≫「目次」「要旨」をヒントにする

　書籍にしても、資料にしても、**重要な情報から順に掲載されているという考えは改めてください**。本当に大事な情報は十分前置きしてから伝えたいという人もいるのです。

　目次や要旨を見れば、どこが重要なのかはなんとなくつかめるはずです。そうした箇所から読み始めるようにしましょう。

「思い込み」を捨てる

#情報収集ミス　#判断ミス

思い込みほど怖いものはありません。

曖昧でいい加減に覚えていれば自分を信用しないので、知っ
ている人に確認したり、自分で新たに調べたりするものです。
ところが、「思い込み」があると、ほかの人がわざわざ教えて
くれているのに、「いや、私のほうが正しい！」と聞く耳を持た
ず、結果として間違ってしまうのです。

ひと言聞けば間違わずに済んだのに、「わかっているから」
と人の意見を聞かない。**すべては「思い込み」が原因**です。

以前、私の著書に「病気が治る」というフレーズを書いたと
ころ、編集長は私に確認もせず、「病気が直る」と勝手に「修
正」して印刷に回してしまったことがあります。見本をチェッ
クして愕然。こんなミス、小学生でもしません。私の著書です
から、私が漢字を知らないと読者には判断されてしまいます。
原因はもちろん、彼の完全な思い込みにあったことはいうまで
もありません。

⁚ 取り返しのつかないミスを犯す前に

思い込みはさまざまなトラブルの原因になります。間違った
情報を頑なに信じ、正しい意見をシャットアウトしてしまうの
ですから。

あなたは自分の見たいものだけを見て、聞きたいことだけを聞
いていないでしょうか。これだけ多様化する社会で、**凝り固まっ
た考えを持ち続けることは危険**です。人を傷つけたり、信頼を
失ったり、取り返しのつかないミスを犯してしまうかもしれません。

個人情報は「すぐに」更新

#名前間違い

人がいちばん好きな言葉は何だと思いますか？ 「愛」「平和」「家族」「健康」……本当は「現金」とか。

実は、いちばん好きな言葉は「名前」と「肩書き」です。

なぜでしょうか？ 愛着があるからです。生まれたときから死ぬまでずっと付き合っていくのが名前ですし、自分の努力の結果を表しているものが肩書きです。

そんなに大事にしているものですから、間違えられたら不快感を覚えます。

「河野さん！」「いえ、こうのです」、「中島次長！」「いや、先日部長に昇進しまして」と訂正したくなるのも当然です。呼び間違いは一気に相手の信頼を失うと心得てください。

逆にいうと、**自分の名前と肩書きを大切に扱ってくれる相手に対して人は好感を持ちます。**営業マンが「お客様」ではなく、「河野課長」「中島部長」と呼びかけるのは、お客さんの気持ちをよくするため、そして名前と肩書きを覚えるため。一挙両得を狙ってのことなのです。

▶ 常に最新情報にしておく

もちろん、**異動や転職、独立、結婚などで名前や肩書きが変わった場合、「すぐに」更新することは**いうまでもありません。

いまは SNS などでそういった情報が手に入りやすい時代になりました。その分、きちんと最新情報にアップデートしておかないと、信頼を失ってしまうのです。

初頭効果：「最初に得た情報」を信じすぎない

#情報収集ミス　#判断ミス

私たちは「第一印象」を重視します。たとえば、最初の印象で「この人は信頼できる人だ」と感じたら、そのままずっとその人を信じ続ける傾向があります。

これを「初頭効果」といいます。ポーランドの心理学者ソロモン・アッシュが終戦直後に行なった実験で証明されました。

同様に、最初に得た情報も正しいと判断してしまいがちです。しかし、状況が変化すれば過去の情報は使い物になりません。同じ情報にずっと固執し続けると、変化を読みきれず、判断ミスを犯してしまいます。

情報は次々と更新される。社会はどんどん変化していく。ですから、**最初に得たものを重視しすぎない**という意識は持っておく必要があります。

‣「柔軟な姿勢」で向き合う

シャープ、東芝、タカタ……一時代を築いた大企業がトップから転がり落ちていくのは、この「初頭効果」によるものではないかと思います。最初の成功体験にすがりつき、時代の変化に対応できなかった結果、顧客がどんどん離れていってしまったのです。

仕事でも人間関係でも、「第一印象」に引きずられると、新しい情報を受け入れられなかったり、判断を誤ったりします。**人や社会には柔軟な姿勢で向き合う**ようにしましょう。

親近効果：「最新の情報」だけで判断しない

#情報収集ミス　#判断ミス

テクニック100で、最初に得た情報を正しいと思い込んでしまう「初頭効果」を紹介しました。一方、いちばん最後に得た情報が記憶に残りやすいという「親近効果」もあります。

たとえば、困っている人がいて、5人からアドバイスを受けたとしましょう。すると、アドバイスの内容に関係なく、単に最後に聞いたというだけで、5番目のアドバイスを受け入れてしまうのです。1〜4番目までのアドバイザーは何の役にも立ちません。

ここまでにも何回か述べていますが、人の短期記憶は当てになりません。「りんご、みかん、バナナ、ぶどう、いちご」というように羅列していくと、最初のほうに挙げたものはどんどん忘れ去られていき、最後のものがいちばん記憶に残りやすいのです。

▶「去り際の言葉」が大切

コミュニケーションでいえば、去り際の言葉が重要になってきます。最後に交わした会話が印象に残るからです。ですから、**最後のひと言には注意しなければなりません。**
「今日はいまいちでしたね」などのネガティブなメッセージを最後に伝えてしまうと、「失敗した」という印象しか残らないのです。最後はポジティブな言葉とともに別れるようにしましょう。

私たちは初頭効果と親近効果の両方から影響を受けますが、それぞれの効果の受けやすさには個人差があるようです。**自分がどちらの影響を受けやすいのかを知っておくことで判断ミスを防ぐことができます。**

ヒューリスティック：「同じ方法」で解決できると思わない

#判断ミス

「ヒューリスティック」とは、何かを短時間で楽に識別・判断したいときに利用する、単純化された手掛かりのことです。

日本車とアメリカ車を比較するとき、燃費がいいのはどちらかと質問したら、ほとんどの人が日本車と回答するでしょう。実際には車種によりけりですが、性能を客観的に比較しないまま、評判と印象、いままでの実績などで日本車と考えてしまうのです。こういう思い込みは少なくありません。

思い込みで失敗する理由は、いままでの常識にとらわれているからです。いままでの常識がいつまでも通用するとは限りません。気づかないうちに陳腐化しているかもしれないのです。

▷「常識」に染まっていない人の意見を取り入れる

「いつものあれでいこう！」と解決方法を狭めるのではなく、広く可能性を検討して、ベストな解決法は何かというのを模索すべきなのです。

そのために必要なのは、**若い人の意見を積極的に聞くこと**。成功体験を経ていない人に、客観的に考えてもらいます。

自分の思い込みをすべて捨てて、ゼロベースで考えるというのはなかなか難しいものです。そんなとき役に立つのは、「常識」に染まっていない人の意見なのです。

もし、あなた自身が若手なら、**間違った方向へ進もうとする上司に思いきって進言してみてください**。あなたのひと言が会社を救うかもしれないのです。

ハロー効果：
「目立つもの」に要注意

#判断ミス

　心理学者エドワード・ソーンダイクが 1920 年に発表した「ハロー効果」という現象があります。これは人の目立った部分に引きずられて印象を決めてしまう現象です。一部が輝いていると、ほかの部分が判断基準から外れてしまいます。

　ポジティブ・ハロー効果＝一部のいい印象が全体の評価を高くする、ネガティブ・ハロー効果＝一部の悪い印象が全体の評価を低くする、のようにプラスとマイナスの両面で働きます。

　一流大学卒だから仕事ができる、三流大学卒だから仕事ができないと見なしてしまうのは典型的なハロー効果です。学歴から仕事の能力を判断することはできないはずです。これは勝手な「思い込み」に過ぎません。つまり、ステレオタイプにしたがって相手を判断してしまっているのです。

　人にはいろいろなタイプがいます。外見やプロフィールだけで印象を決めるのは間違いです。しかし、ときには無意識的なステレオタイプに引きずられてしまっていることもあるので、注意が必要です。

・おとなしい→友達がいない

・太っている人→自己管理能力が低い

・英語ができる→仕事の能力が高い

　以上がよくあるハロー効果の例です。身に覚えがある人もいるのではないでしょうか。**自分の中にどんな「思い込み」があるかチェックしてみましょう。**

「集団の意見」に従いすぎない

#判断ミス

「全員反対、私は賛成。よって、この議案は成立します!」

　民主主義において、多数決をあまり考慮しなかった大統領がエイブラハム・リンカーンでした。

　リンカーンは多数決を尊重はしますが、信頼はしていませんでした。というのも、みなの意見がいつも正しいとはいえないからです。

　赤信号、みなで渡れば怖くない。しかし、その先には事故が待っているのです。みなが賛成する……だから陳腐なのです。なぜ賛成なのかを1人ひとりに確認してみると、「無難だから賛成した」という理由が多いはずです。

　「みなが同じ意見」という意味を考えてください。ありきたりのアイデア、陳腐なアイデア、誰もが考えるアイデア……だからこそ、みなが賛成するのではないでしょうか。

⊱「同調心理」に気をつける

　周りから意見をもらうとき、ブラッシュアップしていきたいというよりは、自分のアイデアを認めてもらいたいと考えている人が多いように感じます。「ここはもっとわかりやすくしたほうがいいんじゃない?」「この部分は間違っているかも」と率直な意見をいった瞬間、むっとした顔をする人もいます。

　いちばんの敵は、周りの意見を聞いて安心しようとする自分の同調心理なのかもしれません。

「情報」は隠さない

「あの仕事どうなった？」「いまどんなふう？」

　こう上司に聞かれたとき、あなたは仕事の進捗状況や、取引先とのやり取りなど、情報を包み隠さず伝える必要があります。

　上司はあなたの言葉から状況を確認し、判断を下そうとしています。あなたがすべきなのは**持っている情報を正確に上司に伝える**ことです。このとき、取捨選択をしてはいけません。「これは上司にいう必要はないな」「当たり前のことだからわざわざいわなくてもいいだろう」などというのは、あなたの勝手な考えに過ぎません。上司はその情報を欲しがっているかもしれないのです。

　自己判断せず、すべての情報を伝えるようにしましょう。そのとき、どうしても伝え漏れてしまいそうなら、「伝達事項メモ」（テクニック131）を利用しましょう。

⫶ 持っている情報を「すべて」渡す

　上司が忙しく、十分な報告時間が取れないときは、重要度の高い情報から優先的に伝え、残りの情報はあとで資料にまとめて渡すようにします。重要な情報を伝えて満足してしまう人も多いと思いますが、伝えていない情報の中に大きなヒントが隠されているかもしれません。

　上司が的確に判断を下せるように心を砕くことが、結果的にあなたの仕事にもいい影響を与えるのです。

「事実」と「意見」は分けて伝える

　仕事には「報告」が欠かせません。相手に正しく伝えることができれば、認識のズレによるミスを防げます。

　相手に正しく伝えるためには、「事実」と「意見」をはっきり分けて伝えることが大切です。

　報告を受ける側は、判断材料を提供してほしいと考えています。しかし、事実と意見を混同して伝えられると、何をもとに判断していいかわからず困惑してしまいます。

　ですから、**まずは「事実」だけを伝えましょう。**不確かな情報はできるだけ省きます。

⊱まずは「事実」、それから「意見」

　ただし、事実だけを伝えればいいというわけではありません。報告者はただの情報伝達係ではないのですから、自分の意見もきちんと伝える必要があります。

　事実を一通り報告し終えたら、次に、「**これは私見ですが**」**と前置きして自分の意見を伝えます。**

　いちばん現場に近い担当者ですから、何かしら意見を持っているはずです。直感というものもあるでしょう。そこで、意見であることを伝えたうえで、正直にぶつけてみるのです。

　報告を受けた側は、事実をもとに現状を整理し、意見をもとに今後の方針を決めていきます。どちらも大切な情報ですから、しっかり分けて伝えるようにしましょう。

8

健康管理

「1日の過ごし方」の
テンプレートをつくる

体調をしっかりコントロールし、仕事で一定以上のパフォーマンスを発揮するためには、「過ごし方テンプレート」が必要です。過ごし方テンプレートとは、1日の理想的な過ごし方をパターン化してまとめたものです。

「6時起床」「8時出勤」「12時昼食」「19時退社」……のように、朝起きてから寝るまでを、円グラフにします。このような**テンプレートをつくることで、自分がもっとも体調よく仕事に取り組める時間の使い方を「見える化」できます。**

なんとなく体調が優れなかったり、仕事に集中できなかったりするときは、このテンプレートに近い時間の使い方を意識しましょう。

たとえば、残業続きで退社時間と就寝時間にズレが生じてしまっている場合、1週間に一度くらいは退社時間を早めて、テンプレート通りの睡眠時間を確保します。

➢ 「テンプレート」はどんどん改良していく

このテンプレートはどんどん改良していくことをおすすめします。私たちの体と心は毎日少しずつ変化しています。それに応じて1日の理想的な過ごし方も変わっているはずです。**数カ月に1回程度は、テンプレートに無理がないか見直してみましょう。**

また、転職や異動など、環境が大きく変化したときはもう一度ゼロからテンプレートをつくる必要があります。環境の変化は体にも心にも大きな負担がかかりますから、なるべく早く新

しい生活に合った過ごし方を探していかなくてはなりません。

　たとえ、毎日守れなかったとしても、「理想の過ごし方といまの過ごし方にどれくらいのギャップがあるのか」「どこを変えれば理想の過ごし方に近づくのか」がわかっているだけでも、自分の体調をコントロールしやすくなります。

「働き方改革」とは実は「休み方改革」だと私は考えています。効率的に休むことが仕事の生産性につながっていくのです。

　計画的に1日を過ごすことで、十分な休息を取り、体調を崩さないようにしましょう。

▼忙しいときは、この時間を削って
　睡眠時間を確保

23
自由時間
21
20
夕食
睡眠
仕事
朝食
6
7
仕事
昼食
13
12

▲昼食後、15分の仮眠を取ると、
　仕事がはかどる

健康を「コントロールするルール」を決める

　肥満、糖尿病、心疾患といった生活習慣病や花粉症、免疫疾患など、現代人はさまざまな健康の悩みを抱えています。

　薬を飲むだけの対症療法では病気や不調の根本的な解消につながりません。「徹夜」や「暴飲暴食」など体に悪い影響をおよぼす行動をやめることによって、体調不良の原因を元から断つ必要があるのです。

　そのために大事なのは**健康をコントロールするルールをつくる**ことです。私は次のようなルールを守るようにしています。

・深酒はしない

　お金もかかるし翌日の体調も悪くなるのでいいことはありません。それでも、誘われるとつい行きたくなってしまうので、ルール化して徹底するようにしています。

・玄米食にする

　一時期、低糖質食事法にもトライしたことがありますが、自分の体質に合うのは玄米食だと気づきました。

　自分に合った健康法を見つけたときはルールに加えて習慣化してしまうといいでしょう。

・深い睡眠をとる

　8時間睡眠をすすめる人もいますが、睡眠は量よりも質が大切です。夕方以降カフェインを控えたり、寝る直前までスマートフォンを使わないようにしたりして、睡眠の質を上げることを心がけています。

・**朝日を浴びる**

　朝日は睡眠リズムと密接に関係しています。朝日に当たると脳の中にある松果腺からメラトニン（体内時計を調整するホルモン）が正常に分泌されます。朝日を浴びるだけで体調がよくなるのです。昼夜逆転の仕事なら仕方がないですが、そうでなければ、朝早く起きて夜早く寝るという習慣をつけることをおすすめします。

・**深い呼吸をする**

　深呼吸は大切です。深い呼吸によるリラクゼーションは自律神経を整えてくれます。副交感神経優位の状態になるので、不安感やストレスが和らいでいくのです。

　最近マインドフルネスという言葉をよく聞くようになりましたが、これを実践するときにも、深い呼吸が大切だといわれています。

・**他人と比較しない**

　自分の心を守るためのルールです。他人と比較し、自分の至らない点を責め続けると、心はどんどん疲れてしまいます。現代社会は、ストレスを感じやすい場面がたくさんあるので、自分を精神的に追い詰めないためのルールも決めておく必要があります。

⁑ 自分なりの「ルール」をつくる

　成功する人としない人の違いは、いい習慣だと思ったら即、取り入れるかどうか、悪い習慣だと思ったら即、やめられるかどうかにあるのです。体調とも相談しながらトライ＆エラーを繰り返して、自分なりのルールをつくってみてください。

ストレスの原因を書き出す

#健康管理のミス

「最近、ミスが多いな」「集中できないな」というとき、大切なことは原因の究明です。

いったい何が原因でミスをしているのか？　これが曖昧なままではこれからもミスは続きます。原因が特定できれば、それらを一つずつ潰せばいいのです。

原因の特定＝見える化がミス対策にはとても大切です。

ミスは大元から絶たなければなくなりません。疲れがミスの誘因だとわかれば、疲れ対策を講じます。ストレスが原因だとわかれば対策が必要です。

最近ストレスが溜まっていると感じたら、ストレスの発生源を一つひとつ具体的に書き出してみましょう。

□仕事が変わった
□上司が替わった
□部下が替わった
□お客さんが替わった
□家族とトラブルがあった
□病気や怪我をした

そのほかにもたくさんあると思いますが、こうして**リストアップして「見える化」したとたん、ストレスは軽くなります。**書き出すことで、自分の頭の中にある不安や苛立ちなどの感情が整理され、自分を客観的に見つめ直すことができるからです。

「悩みを話せる人」を持つ

#健康管理のミス　#判断ミス

ビジネスパーソンにとって、いちばんのストレスといえば、「我慢すること」と「心配すること」ではないでしょうか。

解決しようにもアイデアが生まれないので１人で悶々と悩む。食事をする気も失せ、どことなく元気がない。はつらつとしない。これでは、周囲にもマイナスのエネルギーをばらまいてしまいます。ミスやポカが増えるのはこんなときです。「なんだか最近仕事に集中できていないみたいだな」と周囲からの信頼も失ってしまいます。

すべてはネガティブなエネルギーのせいです。実は、このネガティブな感情を切り替えるのは簡単なのです。

誰か１人でいいから相談相手（話し相手）を見つけることです。愚痴を聞いてもらうもよし、悩み事を相談するもよし、あなたのいまの感情をダイレクトに受け入れてくれる人を探しましょう。

たとえ解決できなくてもいいんです。「聞いてもらえた」というだけで効果はあります。

▷「ガス抜き」でストレスに強くなる

「ガス抜き」という言葉を聞いたことがあると思いますが、ネガティブなマグマが爆発せずに溜まりに溜まっていたら元気がなくなるのも当然です。ガス抜きできれば、その分、余裕が生まれます。

この心の余裕が**ストレス耐性**を生むのです。

「ウェアラブル端末」で
健康状態をチェック

#健康管理のミス　#判断ミス

気づかないうちに、体の悪いところを発見してくれたら。客観的なデータで体調管理してくれたら……。

こんな夢のようなことがすでに実現しているのです。

健康を管理してくれる「ウェアラブル端末」はいま、あちこちの会社で導入されています。

たとえば、某大手商社は腕時計型のウェアラブル端末を全社員に支給しています。これでチェックできるものは血圧、心拍数、歩行数、睡眠時間といった生体データです。社内のポータルページで誰もが確認できます。もちろん、個人情報ですから同僚にも上司にも知られることはありません。データでサイン（不調や注意）が見つかれば、会社と契約している医療機関でアドバイスも受けられるのです。

高機能のウェアラブル端末では、心拍数や体温をもとに、ストレスレベルもチェックしてくれます。体と心両方の健康状態を確認することができるのです。

❯❯「疲労」と「ストレス」がミスを生む

疲労やストレスが溜まりすぎると、人間は正常な判断ができなくなり、ミスをしやすくなります。仕事で失敗が続いたときは自分の能力が低いせいだと考えてしまいがちですが、単に睡眠不足が原因かもしれないのです。

ウェアラブル端末を使って、客観的なデータをもとに健康管理をすれば、仕事でもケアレスミスが減っていくはずです。

1年に1回は
「健康診断」を受ける

#健康管理のミス

日本では40〜74歳までの国民を対象に「特定健康診査（特定健診）」が行なわれています。メタボリックシンドロームに「当てはまる人」「当てはまりそうな人」を見つけ出し、重篤な生活習慣病になる前に手を打つためです。

「飲まないの？」「明日健診なんですよ」という会話もよく聞きますが、面倒なので受けないという人もいるようです。

もしあなたが40代以上ならばぜひ健診を受けてください。というのも、体というのは知らず知らずのうちに無理しているものだからです。専門機関が客観的に数値で診断してくれるというメリットは大きいです。思ってもみなかった病気が見つかるかもしれません。

「体調が悪い」と自覚してからでは遅いのです。**毎年1回の健診シーズンに必ず受診するようにしましょう。**

▷ 「フリーランス」の人こそ健診に

会社員は会社が費用をすべて負担してくれますから、定期的に健診を受けている人が多いでしょうが、問題なのは「フリーランス」の人です。彼らの中には「お金がもったいないから」「忙しくて行く暇がないから」といった理由で健診を受けていない人がたくさんいます。

自分の腕一本で仕事をするフリーランスの人こそ、しっかり健診を受けるべきです。病気で倒れたら、収入源が一気に断たれてしまうのですから。

「食事メモ」を取る

最近、レストランなどで食事の写真を撮っている人をよく見かけるようになりました。実は私も、撮影が禁止されていない店では写真を撮っています。SNSで共有するためではありません。**何を食べたかを記録しておくためです。**

1週間に一度、撮った写真を見返します。これにより、「ラーメンばかり食べているな」「脂っこい食事が多かったな」といった食事の傾向が見えてきます。見えてきた傾向をもとに来週以降、どんな食事をとるかを大まかにイメージします。

少し前に「レコーディングダイエット」が流行りましたが、そのお手軽バージョンです。

実際に私はこの方法で体重を5キロ落とすことに成功しました。これまで自覚していなかった自分の食生活を「見える化」することで、自然と健康的な食事をとれるようになっていったのです。

❖ 食事は「パフォーマンス」に直結する

食事が健康に影響を与えることは誰しも理解しているでしょう。

しかし、ノバク・ジョコビッチというプロテニスプレイヤーの実体験を聞くと、そこまで大きな影響があるのかと驚かされます。彼は2008年、20歳という若さで全豪オープンを制覇します。しかしそれ以来、何年間もスランプに陥ってしまいました。ただのスランプではありません。試合中に息が止まるなど、さまざまな不調が出てきたのです。深刻な病気だと疑われていたほどです。

　故郷セルビアの栄養学者が原因を特定しました。試合中の様子を見て、食事に原因があると確信したといいます。精密検査の結果、「グルテン不耐症」と判明しました（グルテンとは小麦などに含まれているタンパク質）。

　彼はその後グルテンフリーの食事に切り替え、世界ランク1位に上り詰めるなど、スランプを脱して再び活躍したのです。

≫「食事」でパフォーマンスを高める

　これまで何を食べてきたか。これから何を食べていくのか。

写真で記録したり、メモを取ったりすることで、自分の食生活を見直し、健康的な食事に変えるきっかけをつくれます。

　スポーツ選手ほどストイックになる必要はありませんが、ビジネスパーソンも体が資本です。仕事のパフォーマンスを維持するためにも、食生活に気を配るようにしましょう。

写真を撮っておくだけで ▶
見直すきっかけになる

「休み」も計画的に

企業の制度改革を見ていると、世の中変わったなとつくづく感じることが二つあります。

一つは副業の積極的認可。もう一つは有給休暇取得の奨励です。

しかしどちらも積極的なのは大企業のみ。とくに有給休暇に関しては、中小企業に勤めるほとんどの人が「仕事が忙しくて取れない」「周りの目が気になって取りづらい」と感じているのではないでしょうか。

▷ 日本の「有休消化率」は最下位

そのことを証明しているデータがあります。世界各国で行なわれた「有給休暇・国際比較調査2017」では有休消化率50％で、**日本は12ヵ国中最下位**だったのです。

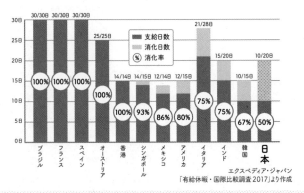

エクスペディア・ジャパン
「有給休暇・国際比較調査2017」より作成

　政府はこの現状を打破すべく、「2020 年までに有休取得率を70％にする」という目標を掲げています。

　労働基準法の改正案では「10 日以上の有給休暇が付与される労働者に対して、有給休暇のうち 5 日は、有給休暇が発生した日から 1 年以内に、雇用主が時季を指定して取得させる義務が発生する」とされています。

　こういった動きが本格化すれば、日本でも徐々に有休を取りやすくなっていくでしょう。

⋗「休み」は自分でコントロールする

　周りの目が気になって休めないというのは、休みを主体的にコントロールできていないからです。「ここ 2 週間繁忙期で睡眠不足が続いているから、1 日休みを取って体調を整えよう」「どうしても会ってみたい経営者のセミナーがあるから休んで参加しよう」などと自分なりに理由がはっきりしているのであれば、休むのをためらう必要はありません。

　仕事はしっかり計画を立ててから行なうのに、休息は行き当たりばったりというのが日本の現状です。

　世界を見渡してみると、仕事で最高のパフォーマンスを発揮するために、休息も計画的に取るというのが常識になってきています。残念ながら日本にはまだまだこういった考え方が浸透していません。世界のビジネスパーソンを見習って、**自分の休み方を見直してみる**といいでしょう。

月に一度は
「何もしない日」をつくる

何もしないでぼーっと過ごす。まさに至福のときです。

忙しいビジネスパーソンも、たまにはこうした時間を持つことが必要です。

実は会議でアイデアを練っているときよりも、資格を取得するために一生懸命勉強しているときよりも、ぼーっしている瞬間が、いちばん脳を使っていることがわかりました。

セールス、事務処理、会議……このような意識的な活動をするときは、脳の5%しか使われていないのです。また、20%は脳細胞のメンテナンスに使われます。

驚くことに全体の75%はぼーっしている無意識状態のときに使われているのです。

ワシントン大学のマーカス・レイクル教授は、この無意識の状態を「デフォルト・モード・ネットワーク」と命名し研究結果を発表しています。

人間にとって役割は三つ。

1. 自己認識……自分はどういう存在かという認識
2. 見当識……自分が置かれた状況の認識
3. 記憶

3の「記憶」が重要です。ぼーっしていたときに、突然画期的なアイデアを思いついたりした経験のある人も多いでしょう。これは、脳が情報を整理するなかで記憶同士が結びついたりして、新しい発想が生まれているのです。これが「閃き」です。

「アルキメデスの原理」で知られるアルキメデスにしても、iPS細胞でノーベル賞を受賞した山中伸弥先生にしても、風呂に入っていたり、シャワーを浴びていたりした瞬間に閃いたといいます。

デフォルト・モード・ネットワーク状態の脳はヨガの瞑想や座禅をしているときの状態に似ているといわれています。かといって、集中しているわけではありません。無心状態なのです。

スティーブ・ジョブズが瞑想に傾倒していたことはよく知られています。京セラ創業者の稲盛和夫さんは仏門にも入られた異色経営者ですが、やはり、瞑想をよくされています。そして、この習慣が経営にいい効果を発揮しているのです。

経営者には次々と相談が持ちかけられます。その場で決断しなければならないことばかりです。このとき、「次の相談者がオフィスに入ってくるまでの間に、いま相談された内容をすべて頭の中から消し去る」というのです。

前の相談とこれからの相談は内容がぜんぜん違います。全身全霊で回答するためには、前の相談内容が頭に残っていてはいけないのです。

❖「ひらめき」の下地をつくる

いつも一生懸命考えてばかりだと、デフォルト・モード・ネットワークが働かず、新しい発想は生まれてきません。少なくとも月に一度くらいは「何もしない日」をつくって、「ひらめきの下地」をつくっておきましょう。

集中できないときは「仮眠」を取る

#健康管理のミス　#判断ミス

　私の仕事と人生の大方針は「無理をしないこと」です。これは自分のためだけではありません。自分に関わるすべての人たちのためでもあります。無理をしてうまくいく場合はいいですが、大体の場合は失敗します。そして、周りの人に大きな迷惑をかけます。無理をしないというのは、自分と周りが安心して仕事に取り組めるようにするための戦略なのです。

　「疲れたな」と感じたら休憩を挟みます。**休憩でいちばんいいのは仮眠を取ることです。**

　昼休みの1時間のうち、45分でランチをとったあと、残り15分で昼寝してくださいとすすめる会社も出てきました。昼になると全館消灯してしまうのです。社員は机に突っ伏したり、来客用のソファで横になったりして仮眠を取っています。

　電車の中でうとうとした経験があると思いますが、わずか5〜15分でもずいぶん寝たなと感じませんか？　15分程度仮眠を取れば、頭はすっきりします。午後からまた、集中して働くことができます。

▶「目を休める」だけでも効果がある

　たとえ眠れなくても、目を休めるだけで疲労回復の効果があります。それほど、現代人は目を酷使しています。

　あなたの環境を少し考えてみてください。PC、スマートフォン、テレビ……**体の中でいちばん疲れているのは目です。**昼休みの間、温かいタオルを目の部分に載せておけばさらにすっきりします。

「睡眠ログ」をつける

#健康管理のミス

　睡眠の深さと仕事の成果には密接な関係があることがわかっています。「私は大丈夫です。横になればすぐに熟睡できます」という人がいますが、実は、「横になったらすぐ眠れる」「いつでもどこでも寝られる」というのは、慢性的な睡眠不足に陥っているサインなのです。

　こんな状態ではミスするのは避けられません。ところが、自覚していない分たちが悪い。

　私たちは数秒で眠れるということはありません。たいていは10〜20分程度はかかるといわれています。横になったとたん熟睡できるほど寝付きがいいというのは、常時睡眠不足で体が「眠りたい」と叫び声を上げている状態なのです。

▷ 「睡眠ログ」で自分に合った眠りを

　あなたは自分にいちばん合った睡眠時間をつかんでいるでしょうか？　よくわかっていない人は、「睡眠ログ」を取って、**自分の睡眠状態をチェックしましょう。**いちばん簡単なのは、入眠時間、起床時間をメモすることですが、専用のアプリを使えば、目覚め感、仕事のパフォーマンス、食事時間、運動、カフェイン摂取時間などを細かく記録することができます。幅広いデータを入れるほど、精度は上がっていきます。

　睡眠ログを見れば、6時間眠ったときがいちばん調子がよく、実は8時間眠ると目覚めも日中（仕事）のパフォーマンスもあまりよくないなどという自分の睡眠傾向がわかります。

「オン」と「オフ」をしっかり分ける

#健康管理のミス

人間のエネルギーは大きく分けると「心」と「体」の二つに分類できます。「魂魄」という言葉を聞いたことがあると思います。「魂」の部分は根性ややる気といった心のエネルギーです。「魄」の部分は体のエネルギーを示します。魂魄がそれぞれ十分なエネルギーを持っていてこそ、仕事でもスポーツでも最高のパフォーマンスを出せるのです。

体が疲れてクタクタになっているのに、いくら「もう少し頑張れ！」と根性論を持ち出しても仕方ありません。このとき、「魄＝体」がエネルギー不足なのですから、いちばん必要なのは休養です。エネルギーをチャージすることが重要なのです。

体を酷使しすぎると、脳も疲れ果てます。考えることをやめてしまいます。気を張っているようで、ある瞬間、スポッと気が抜けてしまうのです。居眠り運転などはこの一瞬、気が抜けたときに起きるのです。

こういうポカやミスを防ぐにはどうしたらいいか？ 簡単です。**疲れないよう、休養を先取りする**ことです。

休み返上でがんがん働く社員は、一見、仕事ができるように思えますが、実は、1年や2年といった長い期間成果を出し続けることができません。なぜなら、疲労が溜まってくるとポカとミスを連発して、周囲の信用を失ってしまうからです。

仕事に集中して取り組むことは大切です。しかし、休息も同じくらい重要視して、きちんと取らなければいけません。前もって休養を取る狙いは、疲労困憊する前にリスク管理をして、高いパフォーマンスを維持することにあるのです。

徹夜はしない

　徹夜仕事はできるかぎりやめましょう。なぜなら、休憩も睡眠も取らずに連続して仕事をすることにより、疲労度がピークを超えてしまうからです。

　このとき、集中力はほとんど発揮できていません。体が惰性で動いているだけで、何も考えられていません。単純作業であればなんとかなるかもしれませんが、何か考えるような仕事であれば、「失敗」と「やり直し」の連続になってしまいます。すると、かえって時間がかかり、徹夜をする意味がなくなってしまいます。

　こういうときは、発想を変えて早めに寝てしまいましょう。そして、**いつもより早めに起きて、仕事に取り組めばいいのです。**

　徹夜派の人は「作業時間を削ってどうするんだ」と思うでしょうが、結果的には効率が上がるのです。

❯ 「仮眠」で集中力を取り戻す

　体の疲労は確実に脳の疲れを誘います。生産性は確実に落ちます。その状態で働き続けるわけですから、無理があるのです。

　だから、先に休んでしまうのです。**数時間の仮眠でも脳はすっきり、体はしゃきっとします。**

　ほんの20分〜30分の仮眠で、爽快な気分になったことがあると思います。わずかな時間でも集中力は回復します。こういう状態で仕事をしたほうが生産性は確実に上がるのです。

「体力の限界」まで働かない

#健康管理のミス

「やる気はあるが体がついてこない」という声をよく聞きます。早ければ30代、遅くとも40代には「踏ん張り」が利かなくなる人が増えてきます。

「若い頃はいくらでも徹夜ができたけど、いまは徹夜すると翌日大変なことになる」という声も聞きます。

年を取って体力が落ちているのに、10年も20年も前と同じ気持ちで取り組んでいてはミスするのは当たり前です。踏ん張りが利かなくなっているのですから、それを認識したうえで「対処方法」を考えなければ失敗します。

無理ができないのですから、早めに始める必要があります。若い頃1週間でできた仕事なら1カ月、せいぜい2週間は予定しておくべきでしょう。つまり、**力任せではなく丁寧な仕事、派手ではないけれども手堅い仕事にシフトすべき**なのです。以前と同じスタイルでやろうとすることに無理があります。

無理を続けると、どんどん疲れが溜まっていきます。そうすると集中力も切れてしまいます。ミスが発生するのはこういうタイミングなのです。

体力勝負ができなくなった。ならば、知力で勝負です。1人でやろうなんて考えてはいけません。この部分は外注しよう、この部分は得意な人に手伝ってもらおう。そうやって、**時間と労力をセーブしながら丁寧で手堅い仕事をする**のです。1人でやらず5人で取り組む。すると、1人で取り組んだときより「いい仕事」ができると思います。

人との「つながり」を保つ

「テレワーク」「リモートワーク」で大切なことはなんでしょうか。PCやタブレット、スマホでスムーズに効率よく仕事ができる環境を整える──。たしかに、それも大切ですが、もっと大切なことがあります。

それは……**ストレス管理**です。上司や先輩、同僚、後輩と「ワイワイガヤガヤ」とコミュニケーションを取ったり、一緒に食事や飲みにいったりすることがなくなり、孤独感や疎外感に襲われるケースが出てくる可能性は否定できません。

❯ メンタル的にタフでいるために

メンタル的にタフでいるために、次の三つを心がけましょう。

1. 電話やメール、SNSで人とつながる
2. 密にコミュニケーションを取る
3. 趣味や楽しみを見つける

「三密を避けよ」「オンラインでコミュニケーションを」と政府も自治体もマスコミもさけびます。だからこそ、せめて電話やメール、ネットを通じて「つながる」べきです。密にコミュニケーションを取ることを心がけるべきです。

そして、安定したメンタルでいること。また、そのためにも、自宅でできる趣味や楽しみを見つけて、心のリフレッシュをきちんと行ないましょう。

9

コミュニケーション

ミスは「伝わっていない」
から起こる

「口頭＋書面」で伝える

ミスがなくならない。

同じミスを繰り返す。

「また、やった！」と地団駄を踏む。

こういうことがなくならない背景にはどうも「脳」への過信があるのではないかと思えてならないのです。

実は脳ほど当てにならない器官はありません。疲れると集中力も落ちてきます。記憶力が格段に弱くなるのがわかります。あなたも、「こんなミスをしてしまうなんて信じられない……」とあとから振り返って愕然とした経験があるでしょう。

❖ 自分だけではなく相手も間違える

覚えておかなくてはならないのは、集中力や記憶力が落ちていくのはあなただけではなく、相手にとっても同じだということです。お互いに脳を過度に信用しすぎてはいけません。

このことがわかると、口頭のやり取りだけではなく、書面でも知らせておくことが必要だと気づくと思います。

相手の記憶違い、勘違い、思い込みといったミスも書面一つで防ぐことができるのです。

口頭だけでなく書面でもきちんと伝える。そうすれば、相手が忘れたり勘違いしたりすることもありませんから、発注ミスや発注漏れを起こさせないで済みます。念には念を入れると、お互いに安心して仕事ができるのです。

❖「話したつもり」「聞いたつもり」をなくすために

仕事は丁寧かつ正確に処理しなければなりません。しかし、忙しさのあまりつい送り先を間違えたりといったミスはあちこちで頻発しているのです。

こんなとき、「話したつもり」「聞いたつもり」という水掛け論で気まずくなることは避けたいものです。そのためにも「書面」にしておくこと。「ほら、これが証拠ですよ」という切り札になります。

口約束と文書。いざというとき、どちらが強いかはわかると思います。

営業マンなら、「こちらの契約書にサインをお願いします」というひと言がモノをいうのです。

あなたもできるだけ書面にしましょう。相手にもできる限り書面にしてもらいましょう。これがミスをなくす極意です。

▼書面で伝えるメリット

1. 記憶違い・思い込みがなくなる

2. 「話したつもり」「聞いたつもり」がなくなる

3. いつでも確認できる

4. いざというときの証拠になる

5. 面と向かっていいにくいことも伝えられる

チームでの仕事は
最初に「ルール」を決めておく

いまどき、大企業でも中小企業でもチームでの仕事が中心です。1人ですべて完結している仕事などほとんどありません。

私もそうです。編集者、デザイナー、校正者……など、さまざまな人たちと一緒に1冊の本をつくり上げます。

チームで仕事をするときに大切なのは「ルール」です。 たとえば、多くの会社では「9〜17時」などと勤務時間が決められています。「9〜17時には全員出社している」という状況をつくり出すことで、「この企画の進捗状況を朝一番で○○さんに報告しよう」のように、予定を立てることができるのです。

また、「レポートライン」をきちんと決めておくことも大切です。

レポートラインとは、業務報告や意思疎通を行なう際の情報伝達経路のことです。

たとえば、お客さんから大きな注文を受注したとしましょう。この情報を流す際、「担当者→係長→課長→部長→担当役員→社長」というように事前に順番を決めておくのです。この情報のルートをきちんと守ることでスムーズに伝達を行なうことができます。

▶「ルールの逸脱」がミスを生む

もし、担当者が係長を越えて課長にいきなり報告したとしたら、どうなるでしょうか？ 係長は重要な情報を知らされないままになります。「○○係長、今回の注文だが在庫はきちんと確保してあるのかな？」「その注文について報告を受けていま

せんが」では話になりません。

　たまたま係長が席を外していたため、先に課長に報告したのだとしても、情報伝達のルールを無視していることには変わりありません。課長は自分に報告が来ている時点で、係長には報告済みだと判断します。この意思疎通の齟齬が、思わぬミスを生む原因となります。

　しかも、スルーされた係長は、「俺のことを軽く見ているのか」と担当者に対して不信感を抱きます。

　今後、関係がぎくしゃくしてしまい、仕事が進めづらくなる可能性もあるのです。

▶ ルールは「全員で決める」とうまくいく

　ルールは1人でも守らない人がいると、意味がなくなります。チームメンバー全員にルールを徹底させる必要があります。

　そのためには、「**メンバー全員でルールを決める」という方法が効果的**です。チームリーダーが1人で決めるのではなく、全員で話し合ってルールをつくるのです。

　こうすれば、全員に「当事者意識」が生まれるので、ルールを逸脱した行為が起こりにくくなります。

　複数人で仕事を進めるときは、「自己判断」がミスの原因になります。各自が好き勝手なことをやっていると、さまざまなトラブルが生じます。もちろん、ときには臨機応変に対応することも大切ですが、その場合でも「ルールから逸脱しない」というのが大前提なのです。

「イメージのズレ」をなくしていく

#伝達ミス

思い込みで生じるミスのほとんどはコミュニケーション不足が原因です。こんな有名な話があります。

2人の姉妹が1個のオレンジを取り合っています。2人とも「1個分が欲しい」とゆずりません。

しかし、よくよく話をしてみると、姉はジュースをつくるために中身を欲しがっていて、妹はマーマレードをつくるために皮を欲しがっていたことがわかりました。

そして、姉妹はお互いに納得してオレンジを分け合うことができました。

▶「イメージは共有できていない」

私たちは「自分は相手のことをわかっているし、相手は自分のことをわかってくれている」と考えてしまいがちです。しかし、ビジネスの場ではそうした考えは捨てるべきです。

「分かり合えていない」という前提に立ってコミュニケーションを取っていきましょう。相手と何度もやり取りを重ねることで少しずつイメージを共有していくのです。「この点はどうですか？」「どう考えていますか？」と突っ込んで質問していくとズレはどんどん修正されていきます。そして、意見の食い違いから起こるミスを防ぐことができます。

お互いの勝手な思い込みで仕事にロスが生じないように、密なコミュニケーションを取ることを意識してください。

「依頼」「お願い」は人を介さない

#伝達ミス

子どもの頃、伝言ゲームという遊びをしたことがあると思います。

人伝（ひとづて）にメッセージを伝達する遊びですが、隣の人に伝言するくらいならそんなに変化はありません。しかし3人、5人、10人と増えるにしたがって、内容が少しずつ変化し、最後には「そんなこといってないよ」と驚くほどかけ離れた内容になってしまいます。

この遊びの本質は「インプット≠アウトプット」と自覚するところにあるのではないかと思うのです。

人は事実を事実のまま受け取ることはできません。必ず自分のバイアスを通して理解します。インプットしたものをそのままアウトプットすることは不可能だと考えたほうがいいでしょう。

私は人に何かを依頼するときには、代理人や第三者を通しません。なぜなら、「○○さんに△△と伝えてください、一言一句変えずに伝えてください」と念を押しながらお願いしても、あとで本人に会って確認すると、「そんなこと聞いてないな」「そんなこといってた？」となるのです。

▷「依頼」「お願い」は面と向かって

間に入った人が悪いのではなく、人間というのは「聞いたことをそのまま伝える」ことができないのです。

直接会って話しても誤解されることがあるのです。まして、人伝ならばなおさらです。**相手に余計な誤解を与えないよう、依頼やお願いは直接伝える**ことを徹底しましょう。

お互いの「現状認識」を
確認しておく

　以前、ネットで対談動画を公開するという企画があり、ある女性評論家と「日本人の残業」というテーマで対談をすることになりました。

　事前の打ち合わせで、私たちはお互いの議論が噛み合うようにあることをしました。それは、「**お互いの現状認識を確認すること**」でした。

　つまり、「日本は残業が多い」と思っているのかどうかを確認したのです。これを先にしておかないと、前提条件が違う話を延々ぶつけ合うことになり、議論が進みません。

　たとえばこのとき、彼女は「日本人は残業が多い」という立ち位置でした。一方、私はほかの先進国と比較しても「日本人の残業は多くない」という立ち位置でした。つまり、2人の認識が異なっていたのです。

　事前確認で意見が対立していることがわかったので、対談ではお互いの認識について論じ、その後質疑応答をするという流れで進めることになりました。

　異なる立場から意見をぶつけ合うことで、より議論を深めることができました。

　もし、現状認識を確認していなかったら、話はまったく噛み合わなかったでしょう。私は日本の残業は多くないと考えているのに、彼女は「どうしたら残業を減らせるか」について話そうとするでしょうから。

﹥「現状認識」を確認しておく

　仕事を複数人で進めるときは現状認識を確認しておく必要があります。全員が同じ認識を持っていれば、いきなり作業に取りかかっても問題はありませんが、そんなことはほとんどないと思います。少なくとも1人は違う認識を持っていることでしょう。

　認識のズレは思わぬミスを生みます。事前にとことん話し合って、全員が共通の認識を持って仕事に取り組めるようにしましょう。

▶ 事前の話し合いで認識を共有しておく

断るときは「その場で」

　ビジネスパーソンは自分の時間だけではなく、相手の時間も大切にしなければなりません。

　仕事の依頼を受けたときの対応について、将棋棋士の羽生善治さんは次のように述べています。

　「ほかにも用事はたくさんあるわけですから、後でもいいかと思ってしまう時もあります。しかし、それは同時に依頼先の時間を奪っていることになります。特にお断りをする時には。ですので、依頼を受けられない時には極力、早く対応するようにしています」

　いかがでしょうか。日本でもっとも有名な将棋棋士の1人でさえ、相手の時間を奪わないように、と考えているのです。私たち一般のビジネスパーソンはより一層の配慮が必要になってきます。

❖ 相手に「間違った期待」を抱かせない

　相手から難しい要望を出されたとき、「考えてみましょう」「努力してみます」と返事を濁していると、相手は「なんとかやってくれそうだ」と捉えてしまう可能性があります。

　よくよく考えて、上司にも相談した結果、やはりダメだとわかり、「すみません。やっぱりダメでした」と相手に伝えると、相手は怒り出すでしょう。

　「努力するっていっててたじゃないか！」

　「いまごろできないといわれたって困るんだよ」

　「できないなら、あのときすぐに断ってほしかった。ほかを探

す時間があったんだ。ここまで来たらもう間に合わない」

　こうして信頼を失うのです。断ったことが原因ではありません。断るタイミングを間違えたことが原因なのです。

　誰しも、相手の残念そうな顔よりは笑顔が見たいもの。断れない人は善人なのです。しかし、「人がいい」だけでは仕事は続きません。できないことはできないと相手に伝えるほうが、トラブルなく仕事を進めることができるのです。

　実現する可能性が低いのに、相手に期待させてはいけません。**「できないと思いますが」とまず答えておく。**こんなことでは相手との信頼関係は揺るぎません。

　さらに、「できない」と答えたあとで「こうすればできそうです」と伝えてあげれば、相手からの信頼は格段にアップします。一方、「できるかも」と答えてできなかったら、信頼関係は失われます。同時に、憶測で答える仕事のできない人と思われてしまうでしょう。**断るときは「その場で」断る。**それを徹底するように心がけましょう。

できるかも
しれません

できないと
思います

やっぱり、
できません
でした

こうすれば
できそうです

▶ 信頼を失う　　　　▶ 信頼される

断るときに「嘘」はつかない

「嘘も方便」といいますが、ビジネスではなるべく嘘はつかないようにしたほうがいいでしょう。

「申し訳ございません。その日、法事なんです。親戚一同が集まることになっていて、私が施主なので行けません」

本当は、「あなたたちとの接待ゴルフなんて退屈だから行きたくありません」といいたかったのです。それをオブラートにつつんで伝えようとした結果、法事という断り文句になったわけです。

相手を傷つけないためにこんな物言いをしたのでしょうが、**たとえ相手への配慮であっても、嘘はダメ**です。なぜなら、ちょっとしたきっかけでばれてしまうリスクがあるからです。小さな嘘で信頼を失わないように、正直に話すようにしましょう。

「その日は家で資格の勉強をしなくてはならなくて」

「勉強熱心ですばらしいね。じゃあまた今度の機会ということで」

このように、正直に話しても相手の心象を悪くすることはほとんどありません。拍子抜けするくらい相手も簡単に引き下がってくれるでしょう。

☆「気持ち」は伝えなくてもいい

ただし、「本当のこと」はいいですが、「本当の気持ち」はいう必要はありません。「家で資格の勉強をする」という事実は伝えても、「あなたたちとの接待ゴルフなんて退屈だから」という気持ちは伝える必要はないのです。

「中間報告」をする

#〆切遅れ　#伝達ミス　#やり直し

「情報を共有できているか」で仕事の質は決まります。スタート（仕事の始点）とゴール（仕事の完了）の間には「中間報告」として、これまでの流れ、進捗状況、今後の見通しなどを伝えなければいけません。これはもちろん相手の心配を取り除くという意味もありますが、自分のためでもあるのです。

たとえば、上司に中間報告をせずに資料の作成を進めたとします。自分なりに満足のいく資料ができ、期限ギリギリで上司に見せたところ、上司のイメージとは異なっていて、最初からやり直しを指示される……。

自分にとって完璧な資料でも、それが上司の求めているものと一致しているとは限りません。自己評価は関係なく、上司の期待に応えるものでなければ不合格です。

こうした意識のズレをなくすのが中間報告なのです。完成には程遠くとも、方向性が伝わる段階まで来たところで一度上司に見せておきます。そこでもし修正を指示されたとしても、ロスは最小限に抑えられるでしょう。

≫ 上司は「中間報告」を求めている

上司は忙しいから何度も時間を取ってもらうのは申し訳ない。これは部下目線の考え方です。上司からしてみたら、〆切ギリギリでイメージとまったく違う資料を見せられるよりは、数回に分けて見せてもらうほうがいいのです。

「ほうれんそう」しやすい環境をつくる

上司がいちばん困ること。それは部下から「もう間に合わない」というギリギリの段階で「できませんでした……」と切り出されることです。

「どうして早くいわないんだ!」と怒っても後の祭り。謝罪や報告など、対応に追われることになります。

どうして部下はギリギリまで隠していたのか。それを踏まえて、「ほうれんそう(報告、連絡、相談)」しやすい環境をつくる方法を考えてみます。

□**上司が忙しそうで話しかけづらかった**
□**誰も相談できる人がいなかった**
□**まだ時間はあると思っていた**
□**間に合わなくてもなんとかなると思っていた**

こんなところでしょうか。「まだ時間はある」「間に合わなくてもなんとかなる」などといった部下の見通しの甘さは、1日や2日で変わるものではありません。

そこで、上司から働きかけが可能な「上司が忙しそう」「相談できる人がいない」などから改善していきましょう。

上司が忙しそうだと、部下はどうしても話しかけるのを躊躇してしまいます。「忙しそうだから明日にしよう」が積み重なって期限ギリギリになったのです。

▶「ほうれんそう」のルールを決める

　実際に忙しいのですから、「いつでも報告に来なさい」とはいえないでしょう。集中して仕事に取り組みたい時間もあるはずです。

　そこで、「ほうれんそう」のルールを決めてしまいます。「水曜日の9〜11時は部下の話を聞く」といったルールがあれば、部下も安心して話しかけてくれます。そのときに「予定通り進行しているか」「何かトラブルは起こっていないか」などと問いかけ、部下の相談にも乗るようにしましょう。

　「ほうれんそう」しやすい環境づくりは部下のためというよりも、上司本人のためです。部下と細やかな意思疎通を図ることで、コミュニケーション不足から生じるミスを防ぐことが目的なのです。

伝達事項は「事前にメモ」しておく

#指示漏れ　#伝達ミス

打ち合わせが終わってすぐ「先ほどお伝えし忘れたことがありました」とメールを送ってくる人がいます。さっきまで直接会っていたのに、その後メールのやり取りをするなんて無駄以外の何物でもありません。

このようなミスでお互いの貴重な時間を浪費しないためにも、**伝達するべき内容は事前にメモしておく**ようにしましょう。

ただ、スピーチ原稿をつくるわけではないので、伝える内容を一字一句メモする必要はありません。

・先日の飲み会のお礼
・送付先の住所確認
・納品日変更のお願い
・次回ミーティングの設定

このように、伝えたい順に箇条書きでメモしておきます。
打ち合わせの直前に見返して確認してもいいですし、手帳などに挟んでおき、打ち合わせ中に確認しながら話してもいいと思います。

❯ 人の記憶は上書きされるもの

「今日は〇〇の件を伝えよう」と思っていても、ほかの用件を切り出されてつい伝え忘れたという経験は誰しもあると思います。
人の記憶は簡単に上書きされてしまいます。そうなっても漏れなく伝達できるように、メモを用意しておくのです。

「曖昧な表現」「どっちつかずの態度」は避ける

#〆切遅れ　#伝達ミス　#やり直し

　暑い、たくさん、かなり……私たちがよく使う言葉です。共通点は曖昧なこと。

　「暑い」——何度から暑いんでしょうか？　30度で暑いという人もいれば、なんとこれでも寒いという人もいます。

　「たくさん」「かなり」といっても、どこからが多くて、どこからが少ないのか、ボーダーラインは曖昧です。

　部下に対して「見積書、早くつくって」などと指示しているようではダメです。上司にとっての「早く」が1週間以内だったとしても、部下にとっての「早く」は1カ月以内かもしれないのです。きちんと「1週間以内に」と数字で期限を伝えましょう。

∻「賛成か」「反対か」を明確にする

　また、自分の意見をはっきり述べず、どっちつかずの態度でいることもNGです。

　会議などでよく見られる光景ですが、「賛成か」「反対か」を明言せずにだらだらと自分の意見を述べる人がいます。

　このような態度の人がいると、時間ばかりが過ぎ、大事なことは何も決まりません。

　曖昧な言葉やどっちつかずの態度は、ときに大きなミスにつながります。たとえば、せっかく進めた仕事が相手のイメージと異なっていたため最初からやり直し、なんてことも起こりえます。

　仕事の無駄をなくすために、まずは自分から誤解を生まない言葉や態度を心がけていきましょう。

「結論→説明」の順で話す

#伝達ミス

仕事でいちばん大切なスキルはコミュニケーション能力ではないかと思います。

上司への「ほうれんそう」、すなわち報告、連絡、相談や、他部署への説明、取引先との交渉など、多くの場面でコミュニケーション能力が問われるからです。

伝えたいことを相手に正確に理解させる。基本ですが、ほとんどの仕事で必要とされる重要な能力です。

ポイントは**「テーマ」と「結論」を最初に伝える**ことです。聞き手に話の方向性とゴールを最初に示しておくのです。続いて、その理由を三つに絞り込んで伝えます。

「○○についてお話しします」
「○○については△△と考えています」
「理由は三つあります。一つは……」

という流れです。「三つあります」といえば、相手は聞く準備をしてくれます。

理由を説明するときも「一つは○○。二つめは○○です。最後に○○です」と**三つの理由を最初に示しておきます。**

聞き手が迷わないよう、話の全体像を最初に示してから伝えることを意識しましょう。

話は「1分＋質疑応答」でまとめる

#伝達ミス

「ああ、この人は話がうまいな」と感心する人には共通点があります。

それは「話が短い」ということです。

人が話す分量は300字／分です。3分で900字。5分間ではかなり長いと感じられるでしょう。

長く話せば相手は理解しやすくなるだろうと考えているなら、間違いです。**短ければ短いほど理解しやすいのです。**ひと言で伝えるのがベストです。

ですから、伝える内容はなるべく削ってシンプルにする必要があります。

まだ慣れていないうちは5分以上かかってしまうかもしれません。しかし、せいぜい3分、できれば1分以内にまとめることを目標にしましょう。

❖ わからないところは「質問してもらう」

大切なことは「質問はありますか？」と確認することです。というのも、聞き手はわからないことがあれば質問してくれます。質問の前にあれこれたくさん話しても効率が悪いのです。

できるだけ簡潔に話す。そのあと、相手に質問してもらう。こうすることで、相手のわからない点だけを過不足なく説明することができるようになります。

「1分の説明＋質疑応答」を繰り返して、相手の理解度を高めていきましょう。

大事なところは「話し方」を変える

#伝達ミス

　話したはず、聞いたはず。にもかかわらず、聞いていない、忘れた。こういう失敗は少なくありません。

　自分の伝えたかったことと相手の記憶に残ったことが一致していないからミスが起こるのです。

　こういう失敗をどうやって防げばいいのでしょうか?

　それには、自分の伝えたいことを相手の記憶に残るような表現で伝えればいいのです。

　たとえば、「これが今回の話のポイントですが……」と前置きしてから伝える。大事なところだけゆっくり、声を大きくして話す。身を乗り出して大きなジェスチャーとともに伝える……。

　いろいろな方法が考えられると思います。場面に応じて使い分けていきましょう。

▶「メリハリ」で相手の記憶に残す

　大切なのはメリハリです。いちばん伝えたいところ以外は、できるだけ平坦に簡潔に話すことで、上で挙げたような表現が際立ちます。

　覚えておいてくれなかった相手が悪いのではないのです。記憶に残るように伝えられなかったあなたのミスです。

　どんな相手であっても抜けなく、漏れなく伝わるように——工夫が必要なのです。

オンライン会議の急所は「接続」

私がオンライン会議で気をつけていることは、三つです。

1. 第三者を主催者にする

「声が聞こえない」というミスが少なくありません。原因は主催者がミュート（無音）にしていたせいです。そういった「まさか」のために「第三者を主催者にしておくこと」です。

私は Zoom 講義では常に事務局を主催者にしています。最初から最後まで私が講義していますが、私の位置づけは「参加者の1人」なのです。

2. 大事な会議にはメインとサブの PC を同時につなげておく

「接続が落ちる」というとき、サブの PC で対応できます。切り替えればいいだけですので 30 秒から1分でリカバーできます。

3. オンライン会議といえども身だしなみに気をつける

在宅ワークに慣れてしまうとわざわざスーツに着替えることが少なくなるかもしれません。しかし、複数の参加者があるオンライン会議ならば、それなりに気遣うことは必要ではないでしょうか。髪がボサボサだったり、背後にずらっと洗濯ものや洗い物などがあったりしたら、相手はどう感じるか想像してみてください。バーチャル背景（仮想背景）を使うのはおすすめ。私はいつも「図書館」を背景に使っています。そのほうが知的な感じで、イメージがいいからです。

10

心構え・
チェック法

ミスよけ
137

ミスが少ない人の
「絶対ルール」

ミスよけ
155

「経験」＜「決められた対処法」

何か問題が起きたとき、対応は大きく二つに分かれます。一つは、取るべき対応が決められていないか確認すること。もう一つは、経験や勘を頼りに自ら判断することです。

問題をミスへとつなげないためには、勝手な判断をしないことが大切です。したがって、取るべき対応が決められていないか確認するほうが正解になります。

実務経験が長く、自分の仕事に自信がある人ほど自己判断で動こうとする傾向があります。そして、大きなミスのきっかけをつくってしまうのです。

事前に決められた対応というのは、客観的な視点から設定されたもっとも解決できる可能性が高い方法です。それを無視してしまってはうまく対処できなくて当然です。経験や勘を頼りにするのは、対応が決められていない問題に直面したときだけなのです。

⫸ 事前に「対処法」を決めておく

また、できるだけ個人の判断に頼らなくても済むように、問題の解決策や対処法を決めておくことも必要です。実際に現場で起きたイレギュラーな出来事を吸い上げ、どう対処すべきだったのかを検討します。そして、**同じようなことが起こった際の対応を決定し、社内で共有しておく**のです。

どんな仕事も誰か1人の主観に頼るのは危険です。なるべく合理的な判断をするために、対処法を事前に決めておくことが大切なのです。

「イレギュラーポイント」に注意する

#確認漏れ　#予約ミス

「イレギュラーポイント」——「ほかと違うところ」にはミスの種が隠れていますから注意が必要です。

　私は全国で勉強会を開催していて、全国各地の会議室を年間で契約しています。ただし、博多の会議室だけは相手の都合で半年契約になっています。ここまでいえばわかるでしょう。トラブルはこのイレギュラーな契約が原因で起こりました。

　博多だけが半年契約なのをうっかり忘れていて、更新時期を過ぎてしまったのです。

　勉強会の前日、会場に電話したときにはじめてミスに気づきました。慌ててほかの場所を探し、なんとか会場を押さえることができましたが、危うく中止になるところでした。

　このトラブルがきっかけで、博多の会場を変更することになりました。新しい会場はもちろん「年間契約」できるところです。

▷「メモ」や「アラート」で注意を促す

　仕事にはさまざまな「イレギュラーポイント」が隠れています。それに気づかず、いつもと同じルーティーンワークでこなそうとした結果、ミスが起こるのです。

「ほかと違う手順」や「特殊な契約」などは、メモやアラートを活用して、一段深い注意を向けるようにしましょう。

　また、上の例のように「イレギュラー」になっている部分を変更するというのも効果的です。

「変更点」に気をつける

テクニック138で、「イレギュラーポイント」ではミスが起きやすいと述べました。もう一つ、気をつけてほしいポイントがあります。それは「変更点」です。

たとえば、場所が変わった。スケジュールが変わった。担当者が変わった。商品が変わった。納入業者が変わった……。このように、仕事を進めていくうえでもたくさんあると思います。

それらをきちんと把握できていないと、トラブル必至です。ミスをしないほうがおかしいくらいです。

変更の連絡を受けたり、いつもと違う点に気づいたりしたら、必ずそれをメモしておきましょう。

そして、**その変更により、どのようなミスが生じるかを検討する**のです。

たとえば、納入業者が変わると、送り先を間違えたり、書類を取り違えたりする可能性があります。そうしたミスが起こらないように事前に策を講じておくことで、「変更点」から生じるミスを防いでいきます。

◆ 周知徹底が肝心

また、「変更点」は周知徹底することが肝心です。自分1人でどんなに対策をしても、その変更を知らない人がいれば、ミスは起こります。

先の例でいえば、納入業者が変わったことを知らない人は、必ず送り先を間違えます。

自分だけがわかっていればいいのではなく、**関係するすべて**

#伝達ミス　#取り違え　#名前間違い

の人に「変更点」を知らせる必要があるのです。

「スケジュールが変わりました」「会場が変更となりました」など、一斉メールで知らせるだけで終わりにしないで、朝礼やミーティングなどの機会を利用して、直接伝えるようにしましょう。

そのときに、起こりうるミスとその対策についても共有できればベターです。もしかすると、さらにいい対策を考えてくれるかもしれません。

変化のあるところには必ずミスがある。そう心得て、ミスを事前に防げるようにしましょう。

1 変更により、どんなミスが生じるか考える

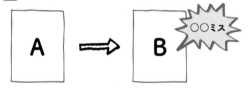

2 「変更点」と「起こりそうなミス」を共有する

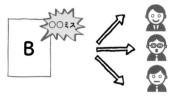

「ルール外の対応」をするときは許可を取る

#判断ミス

　政府は副業解禁に舵を切りましたが、「遅いな」と感じています。というのも、私は20年前、サラリーマン時代にすでに副業を始めていたからです。

　勤めていた会社では副業は禁止されていました。仕事とまったく関係ないテーマで書籍を出版（もちろん、執筆も休日をあてました）するや、規則違反で始末書。講演となると、当日に会議をわざわざ開くという嫌がらせ。副業をやめるか、それともリーダーを辞めるか、どちらかを選択しろという脅かしに、「会社を辞めます」のひと言で転職しました。

　しかし、いま振り返ってみると、理由をきちんと相談しておけば会社も許可してくれたと思うのです。**「無理だろう」と勝手に判断したのはミスだった**のかもしれません。

❖「勝手に始めない」のが大切

　就業規則に反することを始めたいとき、まずは親しい上司や同僚に相談すべきです。自己判断で勝手に動いては損です。あなたと親しい人なら、できる方向でなんとか突破口を探してくれます。

　規則は破られるためにあります。旧態依然としたルールは破られて当然です。しかし、それには「大義名分」が必要です。会社が納得してくれる理由を示さなくてはなりません。応援してくれる人たちの知恵も借り、理由を練り上げましょう。

　最終的には「許可」をもらう。そして堂々と規則を破るのです。

マニュアルは「定期的に」読み返す

#記憶違い　#判断ミス

　人間の記憶は忘れられていくだけではなく、少しずつ変化していきます。私たちは誰しも幼少期の記憶を一つぐらい持っているものですが、これは他人から聞いたエピソードに影響を受け、実際の記憶からかけ離れたものになっていることがあります。

　こうした記憶の変化というのはかなりやっかいです。さまざまなミスの原因となります。

　たとえば、作業工程のマニュアルをしばらく読んでいないと、自分の中で勝手に記憶がつくり変えられていきます。その結果、間違った手順をマニュアルに書かれた正式な手順だと思い込んでしまうのです。

　手順を忘れた場合は自分からマニュアルを確認しますが、間違った手順を正しいと思い込んでいる場合はマニュアルを見直そうとしないので、大きなミスにつながる危険性があるのです。

➢「定期的に」読み返すことが大切

　記憶の変化から起こるミスを防ぐために、マニュアルや作業ルールなどは**「定期的に」読み返す機会をつくる**ようにしましょう。忘れていそうなところだけ読むのではなく、頭からすべて確認していくことがポイントです。

　もし、間違って記憶している箇所があれば、その部分だけを抜き出したメモをつくり、正しい記憶が定着するまでいつでも確認できるところに置いておくようにしましょう。

「警告」を無視しない

#確認漏れ　#判断ミス

2005年12月に発生した「ジェイコム（現・ライク）株事件」はいまだに投資の世界では語り継がれています。

いったいどんな事件だったのかといえば、単なる発注ミスにすぎません。「61万円、1株売り」というお客さんからの発注を、みずほ証券の担当者は「1円で61万株売り」と入力してしまったのです。

もちろん、こんなおかしな注文をするはずがありません。少し考えてみればわかります。コンピューターも警告サインを出しています。しかし、担当者は無視して打ち込んでしまったのです。

結果、みずほ証券は400億円もの損失。失敗原因は入力ミスではなく警告無視にありました。システムそのものの不備も指摘されましたが、やはり、**警告が出ているのに無視して入力したことに過失があります。**

❖「適切な警告」でミスを防ぐ

警告のサインは仕事の邪魔をするために出しているのではありません。ミスを防ぐために出しているのです。

しかし、どうでもいいような細かいことまで警告していると、担当者が慣れてしまい、上の例のように無視される可能性があります。

警告が表示されたら、一度作業を止めてチェックするというルールを徹底しましょう。もし、作業に支障が出るほど頻繁に警告が出てしまうというのなら、表示させる条件を検討し直したほうがいいでしょう。

単純接触効果：「よく会う人」を信用しすぎない

#判断ミス

誰かから裏切られてしまったとき、「なんであんな人を信じたのかわからない」という人が少なくありません。

そんな人をどうして信用してしまったのかというと、原因は「**単純接触効果**」のせいなのです。

これは心理学者ロバート・ザイアンスが提唱した「ザイアンスの法則」「熟知性の原則」と呼ばれるもので、相手と繰り返し接触（顔を合わせるだけ）することで、警戒心や嫌悪感が薄らぎ、逆に安心感と好感度が高まってしまうという心理効果のことです。

最初は関心がなかったとしても、単純に顔を合わせたり、見かけたりしているうちに親近感が生まれて、次第にプラスの感情が湧いてきます。たとえば、最初は同じグループにいるただの友だち。しかし、何回か会っているうちに好感を持つようになります。いつの間にか恋人にまで関係が深まっていくのです。

単純接触効果は、単に接触回数を増やすだけで効果があります。特別なことは必要ありません。

✦「よく会う人＝いいパートナー」とは限らない

あなたは**接触頻度の高い人**を過度に優遇してしまってはいないでしょうか。**ビジネスの場では、「よく会う人＝いいパートナー」とは限りません。**単純接触効果が働いていることを考慮に入れて、客観的な視点で人間関係を構築していくようにしましょう。

ミスしたことを引きずりすぎない

　思い出しただけで冷や汗が出てくるようなミスは誰にでも経験があるものです。

　もちろん私にも経験があります。期末に1億円振り込まなければならなかったのに、1桁ミスをして1000万円しか振り込まず、翌朝、金額が合わないことで取引先から激怒されるわ、上司からは叱られるわ、周囲からはあいつは危なっかしいから気をつけろとバカにされるわ、思い出したくもない過去です。

　ミスしたものは仕方がない。真摯に受け入れるだけです。そして、評価が低くなることも受け入れなければダメです。それがミスに対する罰と考えましょう。

　しかし、だからといって、いつまでも引きずってはいけません。いつまでも引きずって落ち込んでいる人がいると、職場の空気が悪くなりますし、新しい仕事を任せづらくなります。

▶「懲りないな」といわれるくらいに

　反省は1日で十分。あなたがずっと落ち込んでいるとチームに大きな影響を与えます。ここで前を向いて仕事に取り組むことができれば、上司も信頼して次からも仕事を任せてくれます。

「あいつ懲りないな」

　実はこれは誉め言葉です。長い人生、ミスや失敗でいつまでもくよくよしていても仕方ありません。**翌日には気持ちを入れ替えるようにしましょう。**

　どんなに優秀な人でもミスや失敗はするものです。いや、優秀だからこそミスや失敗が多いのではないでしょうか。なぜ

か？　積極的にチャレンジしているからです。

　前例にないことは絶対にやらない。新しいことはやらない。リスクはけっして負わない。こんなふうに、何も挑戦しなければミスも失敗もしません。

「どんどん失敗しなさい」というのは、確認不足や不注意でもいいといっているのではありません。「挑戦したうえでの失敗は歓迎します」という意味なのです。

**　失敗を恐れずチャレンジする。そして、たとえ失敗したとしても過度に落ち込まず、次の挑戦に向かっていく。**

　そういう姿勢の人がビジネスの場ではもっとも必要とされているのです。

⫸ 成功につながる「失敗」はOK

　世の中を変えるようなイノベーションを起こすシリコンバレーの起業家たちは「これまで数えきれない失敗をしてきた。だから次はもう成功しかありえない」と考えているといいます。失敗に対してここまで前向きに捉えることができれば、仕事も自然とうまくいくようになるでしょう。

　ケアレスミスなどはなるべく防がなければなりませんが、成功につながる失敗はどんどんしていくべきなのです。

「怒り」をコントロールする

「怒り」はミスそのものです。感情を爆発させてつい口を出た言葉は元には戻りません。相手との信頼関係は一瞬にして壊れます。

「あんなこといわなきゃよかった」と後悔しても遅いのです。

ミスは誰にでもありますが、怒りやすさには個人差があります。すぐ怒る人もいれば、温和で怒るところなど見たことがない人もいます。

もちろん、もともとの性格もありますが、「怒り」は訓練すればある程度コントロールできるようになります。それが「アンガーマネジメント」です。

アンガーマネジメントのキーワードは「6秒」です。**怒りがピークのまま続いてしまうのは時間にしてわずか「6秒」だ**といわれています。ですから、この時間さえしのげば、怒りを抑えることができます。

怒りっぽい人はこの6秒の間に「反応」してしまいます。怒りを感じた瞬間に反射的に行動に移してしまい、周りの人や物を攻撃するのです。

❖ 「怒っている自分」を客観的に見つめる

どうすれば6秒間しのげるようになれるかといえば、「客観視」を身につけることが必要です。

怒りを感じたとき、「ああ、私は怒っているんだ。これから6秒経てば少しずつ怒りは収まっていくはずだ。6、5、4、3、2、1、0」とカウントするのです。このように、自分の様子をまる

で他人を見るように客観的に見つめることができれば、しだいに「怒りへの耐性」がついてきます。はじめのうちはなかなか難しいかもしれませんが、続けていくうちに徐々に効果が出てくるはずです。

　また、**怒った自分を責めすぎないことも大切**です。陸上自衛隊初の心理教官として、多くのカウンセリングを手がけてきた下園壮太さんは、著書『寛容力のコツ』（三笠書房）の中で、「怒りの発生は認め、行動を選択していく」ことが必要だと述べています。怒ってしまった自分を責めると、感情をコントロールできなくなり、余計怒りっぽくなるという悪循環に陥ってしまいます。そこで、怒ってしまった事実は認め、怒鳴ったり、物に当たったりしてしまったという「行動」を改めるように意識するのです。

▷「怒り」は本能的に発生する感情

　下園さんは「『怒り』というのは、自らの地位や生命が脅かされそうになったときに発動されるものであり、人間の本能として当然なもの、自然なものなのです」とも述べています。

　怒りは本能的に発生する感情なので、無理やり押し込めようとしてもうまくいきません。ですから、怒りが発生したときにどう対処するかが大切なのです。

「社外の協力者」をつくっておく

#〆切遅れ

チームとは、平凡な人が集まって非凡な成果を生み出すための仕組みです。この仕組みをうまく利用できている人がコンスタントに結果を出していくのです。

チームには社内メンバーだけでなく、社外の協力者も含まれます。外注、業務委託、フリーランス……あなたの仕事に携わる人たちはみな「パートナー」です。

予想外のトラブルが起きて、〆切に間に合いそうにないときなどは、すぐにパートナーを招集して、アイデアを出してもらいましょう。

「いま困っているんだ」「助けてほしい」と正直に現状を話せばわかってもらえるだけでなく、具体的な行動を起こしてくれるはずです。社外の人をうまく巻き込めれば、社内の人間だけで対応するよりも何倍も速く仕事を進めていけるようになります。

➢ 「仕事は持ちつ持たれつ」

あなたが社外の人たちのことをただの取引先だとしか思っていなければ、彼らはあなたの悩みなどどうせ「他人事」としか感じてくれないでしょう。あなたがパートナーだと考えていれば、彼らは「自分事」として取り組んでくれるはずです。

「仕事は持ちつ持たれつ」とよくいわれますが、これは馴れ合いの関係でいるということではありません。**トラブルが起こったときにお互いに助け合えるパートナー関係を築く**ということなのです。

「1人」ではなく、「複数」でチェック

#確認漏れ　#誤字・脱字

　自分の目だけをあてにしていると、どうしても見落としが起きてしまうものです。能力の限界もありますし、癖とか習慣によっても偏りが出てきます。

　人に指摘されてミスしないで済んだという経験は誰しもあると思います。ほかの人が思い込みを糺（ただ）してくれるのです。傍目八目（はちもく）という言葉もあります。

　昔、編集者をしていたときの話です。新聞や雑誌に掲載するキャッチコピーをまとめると、編集長、デスク、そして担当者の3人で必ず「読み合わせ」をするのです。同じ原稿を同じスピードで声に出して読みます。**文字や表現に間違いがないかどうかを「複数の目」でチェックしていく**のです。

　長文ではありませんから、ものの5分で終わります。しかし効果てきめんで、読み合わせをすると必ず間違いが見つかります。担当者が事前にあれほどチェックしたのに、見落としがあるのです。

⋗「1人の目」はあてにしない

　1人の目はあてになりません。というか、あてにしてはいけないのです。自分で何度も読み返すよりは、誰かにダブルチェックしてもらったほうがミスを見つけられます。

　個人で進める仕事が中心で、チェックを頼みづらい職場では、**「ペア」を決めて、お互いにチェックする仕組みを導入する**といいでしょう。

「二重入力」で確認漏れをなくす

#確認漏れ　#入力ミス

　ダブルチェックはミスを防ぐ基本中の基本ですが、「2人とも　ミスを見落とす」可能性があります。そうした確認漏れがなくなる「**二重入力**」という方法があります。

　二重入力では、「チェック」を行ないません。AさんとBさんの両方が同じデータの入力作業を行ない、入力後、Excelなどを使って二つのデータを比較していきます。つまり、**機械的に照合を行なう**のです。

　人によるチェックは見落としのリスクがつきまといます。どんなに一生懸命確認しようとしても、忙しかったり、体調が悪かったりして集中できていない状態だと、間違いを見つけられないことがあります。

　また、「入力した〇〇さんはミスのほとんどない人だから大丈夫だろう」と勝手に判断して、ざっと眺めただけで終わりにしてしまうなんてことも起こります。

　人がチェックすると、体調や思い込みなどでどうしても確認漏れが出てきます。一方、機械的に照合すれば、状況に関係なく常に正しく確認できます。

❯ ただし、「時間」と「手間」がかかる

　ただし、二重入力はダブルチェックと比べて時間と手間がかかります。すべての書類、データを二重で入力すると、仕事の効率が落ちてしまうので、間違いが許されない重要なものに取り入れていくといいと思います。

「データ」と「紙」でダブルチェックする

#確認漏れ　#誤字・脱字

　ミスは複数の目でチェックするのが基本です。ただ、周りに人がいなかったりして、どうしても自分1人で確認しなければいけないときがあります。

　そんなときは、「データ」と「紙」でダブルチェックするようにしましょう。

　まずはデータ上で間違いや誤字・脱字がないかを確かめ、次にそれを印刷して紙でもチェックするのです。

　データと紙では同じ内容でも見え方がかなり異なります。その見え方の違いを利用するのです。

　データ上では気づかなかったミスに紙ではすぐ気づいた——なんてこともよくあります。

　作成した資料をデータ上で何度も確認し、間違いがないと確信して印刷する。翌日、配ろうと取り出した瞬間、間違いが目に飛び込んでくる……。こんな経験をしたことがある人も多いのではないでしょうか。

▷「複数人」によるチェックが難しいときに

　いまは一つのミスが許されない時代です。ちょっとした誤字・脱字なんてその場で修正すればいいなどと考えていると、痛い目を見ます。

　基本はテクニック147で紹介したダブルチェック。誰も頼めるような人がいない状況では「データ」と「紙」という複数の媒体で確認するようにしましょう。

上から入力したら下からチェックする

#確認漏れ　#計算ミス　#誤字・脱字　#入力ミス

チェックはミスがないかどうかを確認するために行なうものですが、チェック自体にもミスが起こる可能性があります。入力したデータに間違いがあるのに、それをうっかり見落としてしまうのです。

作成者以外の人にダブルチェックしてもらうのがいちばんですが、頼める人がいない場合もあります。そんなときは、せめて視点を変えてチェックするようにしましょう。

具体的には、「**下から順にチェックしていく**」のです。データはふつう上から順に入力していきますが、チェックするときも同じ方向から見ていくと、入力したときの記憶や印象に引っ張られて間違いを見つけにくくなります。

「『○○商事』の次は『△△組合』だったな」というように思い出しながら確認してしまい、ミスを見落とします。そうならないためにも、下から順にチェックしていき、違った見方で確認できるようにするのです。

❯「検算」でも効果を発揮する

このテクニックは検算するときにも有効です。上から順に足していって合計金額を出したならば、**検算のときは、下から順に足していき、正しいかどうかを確認します。**

作業のときと逆の方向から確認を行なうことで、ダブルチェックに近い状況にもっていくことができるのです。

同音異義語は「違う読み方」で覚える

#誤字・脱字　#名前間違い

　人名、地名、社名には同じ読みでもさまざまな表記があります。よく注意しておかないと書き間違いをしてしまいます。

　たとえば、あなたは内閣総理大臣の「あべしんぞう」を漢字で書けますか？　正しくは「安倍晋三」です。「阿部」「阿倍」「安部」などと迷った人が少なからずいるのではないでしょうか。

　覚えるべきなのは、難しい漢字よりも同音異義語です。難しい漢字は書けなくても大きな問題にはなりませんが、同音異義語は間違えると信用を落とします。「常識知らず」というレッテルを貼られかねません。

▷「違う読み方」で覚えるのがコツ

　同音異義語の書き間違いを防ぐコツは「**違う読み方**」で覚えることです。「安倍晋三」を「やすばいしんぞう」と覚えるのです。ほかの表記もそれぞれ「阿部＝あぶ」「阿倍＝あばい」「安部＝やすぶ」のように、違う読み方をすれば間違えなくなります。

　また、「開放」と「解放」などは「開け放つ」「解き放つ」のように覚えるようにしましょう。そうすれば、「窓を解放する」という表現が間違いだとすぐ気づけるようになります。

　これは、編集者や新聞記者など、文章を書く仕事をしている人が使うテクニックです。文章のプロはこうした工夫で書き間違いをしないように気をつけているのです。

相手と「違う表現」で復唱する

#伝達ミス　#日付間違い

　伝達ミスを防ぐ方法としてよく使われているのが、「相手の言葉を復唱する」というものです。相手の言い間違いと自分の聞き間違いを同時にチェックできる方法ですが、ここではさらに効果的な「違う表現での復唱」を紹介します。

　たとえば、相手から次の打ち合わせの日程を聞いたとします。

「9月26日はいかがですか」

「来週の水曜日ですね」

「水曜日……？　ああ、失礼しました。26日ではなく、28日の金曜日でお願いします」

　このとき、ただ「9月26日」を復唱しても相手の勘違いには気づけなかったでしょう。「来週の水曜日」という違う表現を使ったことで、ミスが発覚したのです。

❖ 日頃から「違う表現で返す練習」をしておく

　復唱するだけでは言い間違い、聞き間違いだけしか防げませんが、**違う表現を用いることで、相手と自分の勘違いも防げます。**伝達ミスを防ぐためには、伝える内容が間違っていないかどうかも確認する必要があるのです。

　このテクニックはとっさの判断が必要となってくるので、いきなり実践するのは少し難しいかもしれません。常日頃から「相手のいった言葉を違う表現で返す」という意識を持って、練習を重ねておくといいと思います。

会話の中で「相手の名前」を出す

#記憶違い　#名前間違い

　人の名前がなかなか覚えられないという悩みを持つ人も多いのではないでしょうか。ある程度めずらしい名前であればなんとか記憶に残せるでしょうが、「鈴木」や「山田」といった非常によくある名前だと覚えるのも一苦労です。

　私は名刺交換したら、**すぐに相手の名前を使う**ようにしています。

「山田さん、いかがでしょう?」「山田部長、どうでしょうか?」

　すると、この人の名前は山田さんというんだなと自分自身に言い聞かせることができます。1回の打ち合わせで4～5回程度呼びかければ、しっかり記憶に残ります。

▶「特徴」とともに覚えるのも効果的

　さらに、よくある名前の人に対しては「サッカーが好きな山田さん」「子どもが留学中の山田部長」のように、**パーソナルな情報を添えて覚える**ようにすると忘れにくくなります。

　次に出会ったとき、その話題を投げかけることもできますから一石二鳥です。

　「名前間違い」は相手の信頼を一気に失うミスです。街で偶然出会ったときでも、「○○さん!」とすぐに名前が出てくるくらい、記憶に刻みつけるようにしましょう。

名前が思い出せないときは
「再度名刺交換」

#記憶違い　#名前間違い

　ひょんなところで知人と遭遇する。よくあることです。たとえば、業界主催のパーティとか勉強会、年始交歓会などでバッタリ出会うということは少なくありません。

　その人の顔を見て、「〇〇さん」とすぐ名前が出てくればいいですが、一度名刺交換しただけの相手だと名前を思い出せないことがあります。だからといって、面と向かって「お名前お伺いできますか」とは聞けないでしょう。

　名前を忘れてしまったら、私はあえて相手と再度名刺交換するようにしています。

「私、名刺が変わりまして。改めて交換させていただいてもよろしいですか」

　そして、相手の名刺を見て名前を確認したら、「ああ、以前頂いたものと同じですね。もったいないのでお返しします」と返してしまいます。こうすれば、相手に不快感を与えることなく名前を確認することができます。

⋗ 一石二鳥の「ミスよけ法」

　名刺を何回もやり取りするなんて失礼では、と思うかもしれませんが、そんなことはありません。昇進や転職などで名刺が変わることはよくあります。むしろ、「自分の所属が変わったことを伝えてくれるなんて配慮の行き届いた人だな」と好感を持ってもらえます。

　ミスを挽回するだけではなく、好感も得られる一石二鳥のミスよけ法なので、ぜひ活用してみてください。

訪問直前に「連絡」を入れる

#記憶違い　#伝達ミス

　ミスを防ぐには「確認」が何より大切です。たとえ打ち合わせの日付や時間を勘違いしていたとしても、事前に確認を取っておけばミスには至りません。

　大事な取引先などに訪問するときは、出かける直前に「これから出ます。お約束の午後3時に伺わせていただきます」と電話を1本入れるようにしましょう。

「打ち合わせは明日ではないですか」

「失礼しました。明日お伺いします」

　1本の確認電話がミスを防いでくれるのです。

　また、自分だけではなくて、相手が勘違いしている可能性もあります。その場合も、直前に連絡をすれば確認が取れます。

　人の記憶はいつの間にか変化してしまうものです。ですから、**どんなに自信があっても確認が必要**なのです。

　打ち合わせに限らず、商品の納品や上司への報告などにおいても直前の確認を習慣づけておくと、時間のロスがなくなります。

これから伺います

明日ではないですか?

失礼しました
明日お伺いします

▶ミスが防げる!

11

ミスを
出さない
仕組みづくり

「気をつけます」で
終わらせるな

仕組み①
「ヒヤリ・ハット」を記録する

「ああよかった。もう少しで大事故になるところだったよ」

これで終わり。誰もケガをしていないのに、大袈裟にするのも人間関係にヒビが入るからと不問にしてしまう。

今回はたまたま幸運に救われただけのこと。ですから、いずれ大事故は確実に起こります。一つの重大事故の裏には、たくさんの「ヒヤリ・ハット」が潜んでいるのです。

ヒヤリ・ハットとは大きな事故や災害には至らなかったものの、いつ直結してもおかしくなかったという事例のことです。

文字通り、「突発的なミスにヒヤリとしたり、ハッとしたりするもの」なのです。

研究者ハーバート・ウィリアム・ハインリッヒ博士の名前を取って、別名「ハインリッヒの法則」とも呼ばれています。博士曰く、「1件の重大事故のかげには29件の軽度事故、そして300件の異常が存在する」ということです。

❖「ヒヤリ・ハット」の共有が大切

大事なことは「事故にならなくてよかった」で終わりにせず、ヒヤリ・ハット事例として情報を共有化することです。

共有化とは、職場や現場で各人が経験したヒヤリ・ハット事例を公開して、どうすれば重大事故や災害発生を防げるか、議論や訓練をすることです。いつ、どこで、どういう事態が起こったのかをまとめておき、今後の対策に生かすのです。

▷ 最初は「記録」から始まる

　ミスが再び起きるのを防ぐために最初に取り組むことはヒヤリ・ハット事例の「記録」です。起きてからでは遅いのです。ヒヤリ・ハットのうちに対処して、会社として、チームとして、個人として、安全能力を高めておかなければいけないのです。

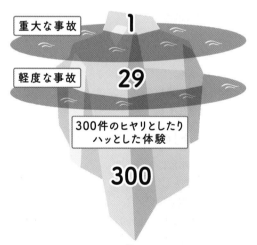

重大な事故	1
軽度な事故	29
300件のヒヤリとしたり ハッとした体験	300

◀氷山（大きなミス）には海面下に巨塊（小さなミス）が隠れている。
仕事におけるミスの発生率は
1：29：300 となる

仕組み②
ミスしたことを叱らない

　ヒヤリ・ハットを集めるために大切なことは、ミスした人を厳重注意したり、叱責したりしないことです。

　なぜか？　人は注意されたり、叱られたりすることは嫌いです。嫌いなことは避けたくなるのが人情です。

　たいていの人はヒヤリ・ハットがあっても隠してしまいます。誰かが見ていたら、その人と謀って、ヒヤリ・ハットをなかったことにしてしまいます。

　「ごめん、ちょっと不注意だった。今度から気をつける。今回のことは内密に頼むよ」

　これが怖いのです。隠蔽が当たり前になり、ヒヤリ・ハットの収集活動はまったく形骸化してしまうでしょう。

　すると、この組織はどうなりますか？　ヒヤリ・ハットが繰り返し起きているにもかかわらず、まったく情報を共有化できず、「わが社はヒヤリ・ハットが一つもない安全優秀な会社だ」と自信満々。もちろん、これは油断にほかなりません。

　結果、重大事故にいきなり見舞われて、ようやく過去のヒヤリ・ハットに直面することになります。

⊱「ミスを隠さない風土」をつくる

　重大事故を起こす会社では教訓が生かされていません。ミスをきつく注意したり、叱ったりしていることで、失敗を隠す体質ができあがってしまっているのです。

　では、どうすべきでしょうか？　ヒヤリ・ハットをオープンにできる雰囲気をつくらなければいけません。

#ミスの繰り返し

「いいニュースは明日でいい。悪いニュースはいますぐ教えてほしい。悪いニュースを教えてくれたチームには報奨金を出そう。メールでも電話でもいい。みんな、よろしく頼む！」

ああ、この会社（チーム）ではヒヤリ・ハットをしても叱られない。ならば、どんどん情報をオープンにしようと考えるようになります。

どうして事故につながりそうなことを引き起こしたのにきつく注意しないのか？

放任主義だからではありません。より大切なこと、より重要なことは、**ヒヤリ・ハットを集めて、その裏に隠れた重大事故を見通し、事前に対策を打つ**ことです。全員の意識を変えて取り組まなければ、重大事故につながるミスを防止することなどできないのです。

仕組み③
原因を一緒に考える

ヒヤリ・ハットの報告が上がってきたら、すぐさま対応するようにしましょう。具体的には以下の2ステップを実行します。

1. ミスの原因を調べる
2. 同じミスが起きないように改善する

あとで調べようとしても、時間が過ぎると風化してしまい、ミスしたときの状況はよくわからなくなります。すると、真因（本当の原因）は奥深くに隠れてしまうのです。

結局、気をつけよう、集中しよう、みなで頑張ろうという抽象的なかけ声で終わってしまうのです。これでは何の対策も生まれません。もちろん、改善にもつながりません。

❖「なぜ?」を5回繰り返して原因を探る

重要なことは具体的な対策を生み出して、みなで共有することなのです。

「なぜミスをしたのか、どこに問題があったのか考えてみよう」

「それは○○が原因です」

「そうか、では、○○はどうして発生したんだろう?」

「それは△△だからではないでしょうか」

とことん追究（追及ではなく!）していくと、本当の原因が透けて見えてきます。それが真因です。

安全管理運動が盛んなトヨタ自動車では「なぜ?」を5回繰

り返すといいます。「なぜ？」「なぜ？」「なぜ？」……と5回繰り返して真因に至るというわけです。「なぜこのミスが起きたのか？」と一度問いかけるだけでは、表面的な理由しか出てこず、効果的な改善策を生み出すことができなくなります。

❖「真の原因」から改善策が見えてくる

たとえば、データの確認漏れが起きたとき、ミスを起こした本人に理由を尋ねると「忙しかったからです」という答えしか出てきません。これでは、どのように改善すればいいかわからないでしょう。

一方、「なぜ？」を5回繰り返すと次のようになります。

1. 忙しかったから
2. 仕事が集中していたから
3. 自分にしかできない仕事だから
4. 教える相手がいないから
5. 何年も部署に新人が入ってきていないから

ミスの真の原因は「属人化」や「新人がいないこと」にあることがわかりました。ここまで落とし込めば、「確認用のマニュアルを作成する」「新人を配属させる」など、具体的な対策が立てやすくなるでしょう。**真因を探ることが、効果的な改善策へとつながっていくのです。**

仕組み④
「複数の視点」から検証する

#ミスの繰り返し

この世にミスをしない人などいません。私がこれまでに起こしてきたミスとエラーを積み上げればピラミッドくらいにはなっているでしょう。

しかし、誰もがミスの経験者であるからこそ、経験に裏打ちされた、具体的な分析や提案ができるはずです。

自分のミスを思い出したくないのはわかります。

しかし、新たな失敗を防ぐために思いきって過去のミスを開示し、改善策に生かしていきましょう。あなたが積極的に開示すれば、周りの人もオープンにしやすくなるはずです。

チームのため、会社のため、自己分析も含めて全員で知恵を出すべきです。ヒヤリ・ハットの改善と解決には現場の知恵がいちばん役に立つのです。

ミスをした本人は、落ち込んでいたりして冷静に振り返るのが難しいかもしれません。ですから1人で悩ませず、チームで議論する必要があるのです。

❖ 一つのミスを「複数の視点」で検証する

チームメンバー全員が、「同じようなミスをしたことがあるか」「何が原因なのか」「どんな対策をすればいいか」を考え、意見を述べていきます。

一つのミスを「複数の視点」から検証することで、より実践的で効果的な対策をつくり上げることができます。

仕組み⑤
「信用維持」を最優先する

　本書では、ミスを防ぐ方法を数多く紹介してきました。しかし、これらの方法を活用してもミスを完璧になくすことはできません。私たちはこれからもミスや失敗とともに生きていかなくてはならないのです。ミスは起きてしまう。ですから、起きてしまったときにどうするかが大切になります。そのときに意識してほしいのは、「信用を維持する」ということです。

　この世の中を動かしているのは信用です。私たちは、信用できる会社に勤めている、信用できる相手から、信用できる商品を買っています。信用があるからこそ、仕事でも人生でも人間関係を構築することができるのです。

　しかし、ミスを起こしてしまったとき、周りの人の信用をないがしろにするような対応を取る人がいます。迷惑をかけたことを謝らなかったり、きちんとした補償をしなかったり、挙句の果てには、ミスそのものを隠そうとする場合もあります。

　自分の失敗から目を背けたくなる気持ちもわかりますが、それにより信用を失うと、あなたの周りから人がいなくなります。人間は誰かの助けを受けなくては生きていけない生き物ですから、孤立しては何もできなくなります。ゼロから信用を取り戻すのがいかに大変か、不祥事を起こしてきた企業を見ればよくわかるでしょう。

　ミスは何も怖くありません。怖いのは、信用を失うことのほうです。**ミスをしたとき、自己保身など考えず、「信用をどう守るか」だけを意識して行動すれば、世間は必ずあなたを許し、認めてくれる**でしょう。

#誤字・脱字

#時間配分ミス

#指示漏れ

#〆切遅れ

#名前間違い

#入力ミス

#判断ミス

中島孝志（なかじま・たかし）

東京都生まれ。早稲田大学政治経済学部卒、南カリフォルニア大学大学院修了。出版社勤務を経て独立。経営コンサルタント、経済評論家、ジャーナリスト、作家、出版プロデューサー、大学・ビジネススクール講師など幅広く活躍中。原理原則研究会（東京・大阪・名古屋・博多・出雲・札幌・新潟、松下幸之助経営研究会を主宰。講演・セミナーは銀行、メーカー、特に外資系企業で圧倒的な人気を呼んでいる。

主な著書に、『仕事ができる人の「しないこと」リスト』『頭のいい人』は、シンプルに仕事する！』（以上、三笠書房《知的生きかた文庫》）など、ベストセラー多数。累計600万部を超える。

知的生きかた文庫

ミスがどんどんなくなる技術 160

著　者　中島孝志（なかじまたかし）

発行者　押鐘太陽

発行所　株式会社三笠書房
　　　〒一〇二―〇〇七二 東京都千代田区飯田橋三―三―一
　　　電話〇三―五二二六―五七三四（営業部）
　　　　　　〇三―五二二六―五七三一（編集部）
　　　https://www.mikasashobo.co.jp

印刷　誠宏印刷
製本　若林製本工場

© Takashi Nakajima, Printed in Japan
ISBN978-4-8379-8723-9 C0130

知的生きかた文庫

人を動かす 聞く力&質問力

松本幸夫

仕事ができる人は、例外なく「聞く力」を磨き、「質問力」を駆使している！人気コンサルタントが伝授する究極の会話術・コミュニケーション術！

頭のいい説明「すぐできる」コツ

鶴野充茂

「大きな情報→小さな情報の順で説明する」「事実＋意見を基本形にする」など、仕事で確実に迅速に「人を動かす話し方」を多数紹介。ビジネスマン必読の1冊！

なぜかミスをしない人の思考法

中尾政之

「まさか」や「うっかり」を事前に予防し、時にはミスを成功につなげるヒントとは――「失敗の予防学」の第一人者がこれまでの研究成果から明らかにする本。

できる人の語彙力が身につく本

語彙力向上研究会

あの人の言葉遣いは、「何か」が違う！「舌戦」「灰聞」「鼎立」「不調法」「鼻薬を嗅がせる」「半畳を入れる」……。知性がきらりと光る言葉の由来と用法を解説！

時間を忘れるほど面白い雑学の本

竹内均[編]

1分で頭と心に「知的な興奮」！身近に使う言葉や、何気なく見ているものの面白い裏側を紹介。毎日がもっと楽しくなるネタが満載の一冊です！

C50401